「すぐやる」より
はかどる！

仕事を「短くやる」習慣

戦略コンサルタント
事業プロデューサー
山本大平《やまもとだいへい》

CROSSMEDIA PUBLISHING

はじめに

時間はないのに、やることはたくさんある

日本のサラリーマンは、たくさんのタスクを抱えて、追われるような毎日を送っています。働き方改革によって、多くの会社で「残業はＮＧ」という風潮が高まったことも、そうした傾向に拍車をかけています。

会社や上司から、「労働時間を減らせ」とか、「残業はするな」と厳しく指示されながらも、仕事量は逆に増える傾向にあります。

「残業はするな」→「仕事量は増やせ」

こうした矛盾に直面して、「一体、どうすればいいのか……」と困惑している人も多いのではないでしょうか？

私は2年前に『トヨタの会議は30分』（すばる舎）を出版して、最速で成果を出すためのビジネスコミュニケーション術を紹介しました。

その後、コロナ禍によるリモートワークの普及や働き方改革の浸透によって、日本のサラリーマンを取り巻く環境は劇的に変わっています。

その象徴的な変化のひとつが、多くの企業で、「働く時間は減らせ」→「仕事量は増やせ」という傾向が強まっていることです。

働き方改革とは、働く人が自分の事情に応じて「柔軟で多様な働き方を自分で選択できるようにすること」を目的としていますが、現時点では**労働時間の短縮と有給休暇の消化ばかりに注目が集まり、**最前線で働いている人たちが直面している困難には、具体的な打開策を見い出せていないのが現状です。

時間はないのに、やることはたくさんある。

この状況を乗り越えるために、戦略コンサルタントの視点から実践的な解決策を提案したい……と考えたことが、私が本書の執筆を決めた一番の理由です。

「すぐやる」よりも「短くやる」ことが大切

限られた時間の中で、たくさんのタスクを片付けるためには、1つひとつの仕事を「短くやる」ことが重要なポイントです。

私が考える「短くやる」とは、瞬時に仕事をこなすことではありません。**生産性を上げて、「成果」を出すための最短のルートをたどり、できる限り短い時間で、数多くのタスクを処理する**ことをイメージしています。

いくら早く仕事を片付けても、そこに結果が伴わなければ意味がありません。ひとつの仕事を早く終えても、やることはたくさんありますから、他の仕事が遅くなったのでは、結果として何も変わらなくなってしまうのです。

成果を出すことを目指して、遠回りせず、無駄を削ぎ落とし、**すべてのタスクの最短ルートを見つけ出していく**ことが、「短くやる」の核心となります。

仕事を「短くやる」ためには、多角的なアングルから、それぞれのタスクを俯瞰《ふかん》して考える習慣を身につけることが大切です。本章で詳しくお伝えしますが、まず最初に、次の「5つの原則」を頭に入れておく必要があります。

①「優先順位」を明確にする
②「余計なこと」をしない
③「先延ばし」をしない
④「人に任せられる」ものを抱え込まない
⑤「タイミング」を間違えない

仕事を早く終えるためには「すぐやる」ことも大事ですが、「すぐやる」と「短くやる」には大きな違いがあります。

「すぐやる」が、「やる気を出す」というモチベーションの問題なのに対して、「短くやる」は、「効率を上げる」というテクニカル（手法）な問題ということです。

「短くやる」ことは、気分や感情に左右されませんから、そのコツさえ理解してしまえば、圧倒的に仕事がはかどることになります。

根底にあるのは「トヨタ流」の合理的な考え方

私は新卒でトヨタ自動車に入社しました。

新車開発のエンジニアとして、内装品質の向上や原価低減などに携わり、「**徹底した効率化を目指す**」というトヨタ流の合理的な考え方を体験したことが、私の発想に大きく影響しているように思います。

その後、テレビ局のTBSに転じて、『日曜劇場』や『SASUKE』、『レコード大賞』などのマーケティング戦略を担当してから、外資系コンサル会社のアクセンチュアに移り、経営コンサルタントとして経験を積み、現在は企業のマーケティング戦略や組織改革に特化したコンサル会社を率いています。

トヨタの合理性、TBSのクリエイティブ性、アクセンチュアの先進性など、アングルの違う多様な視点を学んだことで、仕事を「短くやる」ことの重要性を強く認識するようになったと考えています。

本書では、サラリーマンとして組織で働いた経験や、会社経営者としての視点、戦略コンサルタントとしての観点などを総合して、具体的なエピソードを盛り込みながら、仕事を「短くやる」ためのコツをできる限り詳しくお伝えします。

ひとつの仕事を「短くやる」と、他の仕事に充てる時間を生み出すことができます。たくさんの仕事を短くできれば、生産性が向上して、多くの成果を手に入れることが可能になります。

仕事を短くやることによって、「残業はするな」↓「仕事量は増やせ」という矛盾した状況から抜け出すだけでなく、それは大きな成果を出すための原動力にもなります。

仕事を短くやることは、貴重なプライベートな時間を生み出すことにもなりますから、忙しく働く人にとっては、たくさんのメリットがあります。

本書が、慌ただしく毎日の仕事をしている人たちの一助となることを願っています。

2023年5月

山本大平

#「すぐやる」よりはかどる！ 仕事を「短くやる」習慣●目次

第1章 仕事のやり直しがなくなる！「最短ルート」の見つけ方

第2章 余計なことをしない! 仕事の「無駄」を削る方法

第3章 相手の感情を動かせば仕事は一気に解決する！

第4章 仕事の「時間」と「量」が半減する！上手に「他力」を活かす方法

第5章 「先送り」がなくなる！脳のうまい使い方

第1章

仕事のやり直しがなくなる!「最短ルート」の見つけ方

なぜか無計画に動く人が多い

ビジネスの世界では、仕事で効率よく成果を出すためには、「ＰＤＣＡを早く回す」ことが大切とされています。

ＰＤＣＡとは、「Plan」（計画）→「Do」（実行）→「Check」（測定・評価）→「Action」（対策・改善）という仮説・検証型プロセスを循環させる……という考え方ですが、私は「Ｃ・ＰＤＣＡ」が正解だと考えています。

先頭の「Ｃ」は、**計画を立てる前に最低限の状況や情報をチェックする**という意味のＣで、最短ルートで成果を出すためには、実際に動き出す前に、さまざまなアングルから検討することが大事なカギとなります。

極端な例をあげるならば、誰か気になる異性がいたとして、相手のことを詳しく知らないままで、いきなり「結婚してください！」とプロポーズする人はいません。

多くの人が「あまりにも無計画な行動」と思うはずですが、**いざ仕事になると、意外**

と普通に似たようなことをやっているのです。

やり直しが多い人の共通点とは？

例えば、皆さんは自分に与えられた仕事に取り組む際に、どのプロセスに時間をかければ、最短のルートで短くできると思いますか？

前述した「C・PDCA」のサイクルで考えれば、**ほとんどの人が「D」（実行）のステージに重点を置いている**と思いますが、私は一番最初の「C」（状況・情報の分析）の段階こそ、最も時間をかける必要があると考えています。

仕事を始める前の段階で、十分に「戦略」（方向性）と「戦術」（手段）を練り込んでおけば、「D」の途中で迷路にハマり込んだり、ルートを見失う可能性を低減できます。

逆の見方をすれば、この段階を疎《おろそ》かにすると、気がついたときには**「沼地にビルを建てる」ような事態に陥って、結果的に「やり直し」となってしまう**のです。

エベレストを目指す登山家であれば、山にアタックする前の段階で入念にプランを検討しますが、仕事でも同じように考える必要があります。どの季節を選ぶか、どのルートからアプローチするか、メンバーはどうするか、装備はどうするかなど、考えられるすべてのアングルから検討を加えれば、計画通りのスケジュールで安心安全に登頂することができます。計画を軽視して、**山に登りながらルートを選んだのでは、失敗の可能性が高まる**だけでなく、最悪の場合は命を落とすことになります。

ロケットスタートが最速の方法ではない

大事なポイントは、実際に動き出す前の段階で、「この仕事はどのような展開になるのか?」という観点から、タスクの全体像を俯瞰でイメージすることです。

マーケティング用語では、これを「**鳥の目**」**で見る**といいます。

上空から斜め下を見るように作られた「鳥瞰図《ちょうかんず》」のマップのように、高い視点から全体の構造を把握することで、仕事を進める順序や想定されるトラブルなどを、早い段階で把握しておくのです。

最初に、具体的な工程がイメージできていれば2工程で済むようなことでも、この作業をパスしてしまうと、わざわざ遠回りして5工程くらいやることもあります。

それが、仕事が遅くなる一番の原因となるのです。

ロケットスタートを切ることが、必ずしも最速ゴールの決め手ではないことを、きちんと理解しておく必要があります。

大切なのは、**動き出す前の段階で情報や状況をチェックして、どうすれば最短のルートを通り、誰よりも早くゴールインできるかを考える**ことです。

この章では、最速で仕事の成果を出すための「手順」や「取り組み方」を詳しくお伝えします。

01

やり直しが多い人は仕事を「幹」と「枝」に分けてみる

こんな人は要チェック！

◇思ったほどの成果が出ない人
◇常に仕事に追われている人

見えていたはずのゴールが途中で消えるのはなぜ？

仕事には「人」、「モノ」、「カネ」、「時間」など、さまざまな要素が関係するため、**プロセスが進むにつれて、次第に複雑化する**のが一般的です。

スタート当初はシンプルな道筋であっても、気がついたときには迷路にハマり込み、「あれれ、どっちに進めばいいんだっけ？」と大混乱することもあります。

そうした事態を避けるためには、**最初の段階で仕事の「幹」（主軸）は何かを見極めておく**ことが大切です。

あなたに与えられたタスクには、必ずその理由や目的が存在します。

そのタスクが存在する本質的な「意味」を自分の頭で考え、しっかりと理解することが「幹」を見極めることです。

売上げを伸ばすことなのか、コストを削減することなのか、あるいは、会社の新たな可能性を広くアピールすることなのか……。

タスクの幹は必ずしもひとつとは限りませんが、「**何を実現するために、このタスクを与えられているのか？**」という「根っ子」の部分をグリップすれば、これから進むべき方向が明らかになります。

「幹」だと思っていた仕事が実は「枝」だった

仕事の幹を見極めるとは、「**何が重要で、どこにこだわりを持つべきなのか？**」を判断するということです。

仕事を進めていくと、幹だと思って全力で取り組んでいたことが、実はどうでもいい「枝」や「小枝」であったり、逆に**最優先すべき大事な事柄を「枝」と勘違いして、後になって対応に追われる**ことがあります。

最初に幹を見極めておけば、迷ったときにその原点に立ち戻ることができますから、何が無駄なことで、どこに重点を置いて取り組めばいいのかなど、仕事の優先順位を明確化することができるのです。

自分に与えられたタスクは、大きな目標を達成するために存在しているのであって、**目の前のタスクをクリアすることが最終目標ではありません。**

仕事の目的を「幹」と明確化しておけば、そのタスクにおける自分の立ち位置を理解して動くことができるため、成果を目指して最短ルートを突っ走ることが可能になります。

短くやるコツ

仕事を「幹」と「枝」に分けた上で、やる順番や時間の配分を決めよう！

02

何から手を付けていいかわからないときはまずは「情報収集」から！

こんな人は要チェック！

◇計画通りに仕事が進まない人
◇仕事の手順に不安がある人

具体的なプランを立てるための情報収集に動く

上司から、「**考える前に動け！**」とか、「**動きながら考えろ！**」と指示された経験はありませんか？

それで失敗をしても、その失敗が経験になるのだから、「とにかく動け！」とハッパをかけられるのは、それほど珍しいことではありません。

この指示の出し方は、**半分は正しくて、半分は誤解を招く表現**だと思います。

「C・PDCA」のくだりで、仕事は「動き出す前に考えることが大切」とお伝えしましたが、データや情報が圧倒的に不足しているならば、考える前に動くことによって、検討材料を集める必要があります。

「考える前に動け！」と指示されたら、「どう動けばいいのか、わからない」と悩むのではなく、**考えるためのデータと情報を集める動きを始めればいい**のです。

仕事を進めるためには、**実際に動かなければ手に入れられないデータや情報がたくさんあります。**

担当先の要望やニーズ、考え方などは、その代表格ですから、具体的なプランを立てる前に、情報収集に動く必要があります。

それが「考える前に動く」の正しいアクションです。

「やりながら考える」は時間を無駄にする

「動きながら考えろ」というのは、少し乱暴で、誤解を招く指示の出し方です。

正しくは、「情報がないから、まずは動いて情報を取ろう。それが集まったら、仮説を立ててみてくれ」と伝えるべきだと思います。

上司の指示を言葉通りに受け取ってしまうと、先にお伝えしたエベレスト登頂のケースと同じように、途中で迷子になって振り出しに戻ることになります。

とりあえず動いてしまったのでは、時間を無駄にするだけです。

考えながら動いていいのは、一部のプロフェッショナルだけかもしれません。

ＴＢＳの時代に、出演者が１００人を超える『オールスター感謝祭』に関わりましたが、司会の今田耕司さんは電話帳のような分厚い台本を使わず、すべてアドリブでセリフを回して番組を盛り上げていました。

こんな芸当ができるのは、ごく限られた才能の持ち主だけです。

ビジネスの世界では、カリスマ経営者と呼ばれる人ほど、「情報収集」→「データ分析」→「アクション」→「改善」という基本に忠実に動いています。

無目的に動くのではなく、明確な目的意識を持って動き出すことが、効率よく仕事を進めるための原点となります。

短くやるコツ

上司の「とりあえず動け！」という指示を鵜呑みにしてはいけない

03

「関所」を設けて ゴールまでの ルートを逆算する

こんな人は要チェック!

◇仕事の手順がわからない人
◇回り道が多いと自覚がある人

目標達成までの道筋を「分割」して考える

データや情報を集めて現状把握ができたら、**そのタスクを達成するための具体的なルートを考える**ステージに入ります。

ここで大事なポイントは、直感や単なる思いつきを頼りに、「これが最短ルートだろう」と思い込んで走り出さないことです。

きっと、思わぬ遠回りを強いられることになるでしょう。

最適なルートを見極めるためには、**ゴール地点から逆算して考える**ことです。

「関所」を設定すると、ゴールまでの道筋を分割して考えることができます。

それをひとつずつクリアしていくことが、結果的に最短ルートとなります。

例えば、小学生の子供を持つ親が、「将来は医者にさせたい」と考えたとします。

いくら医者にさせたくても、いきなり難解な医学書を買い与えて、猛勉強をさせるような親はいません。

医者になるためには、大学の医学部に入って、医師の国家試験に合格するという「関所」があることを知っているからです。

冷静に考えれば誰でもわかることですが、**なぜか仕事になると、似たような勘違いをしてしまうことがある**のです。

最短ルートでゴールに向かうための「逆算思考」

大学の医学部に入って、医師の国家試験にパスするという関所を設定すると、そこに到達するために通過すべき関所が次々と見えてきます。

大学は学費の高い私立でも大丈夫か？ 偏差値の高い国公立に合格できるか？

高校は私立の名門校を選ぶべきか、公立の進学校がいいか？

中学はエスカレーター式の私立を受験させるか、公立の中学校でいいのか？

この他にも、「今の学力で、希望するような中学に合格できるのか？」、「中学受験のための学習塾に通わせる必要はないか？」、「そもそも現在の資産状況で教育費は大丈夫なのか？」、「何か資産運用を始める必要はないか？」など、取り組むべき課題が明らかになります。

子供を医者にするという「ゴール」に向かうためには、こうした課題を乗り越えて、着実に多くの関所をクリアしていく必要があるのです。

ゴールに到達するためのルートを、**鳥の目で俯瞰しながら「逆算」して考える**ことで、明確な関所を設定することできます。

こうした視点を持つことが、仕事を最短ルートで進めるためのプランニング（計画立案）に役立ちます。

短くやるコツ

関所を設定しておけば、トラブルの際に「振り出し」まで戻る必要がなくなる！

04

先送りグセのある人は「難しい仕事」から手を付けてみる

こんな人は要チェック!

◇仕事の順番に悩んでいる人
◇面倒なことを後回しにする人

ゴールまでの「所要時間」が計算できない案件を先にやる

たくさんの仕事を抱えている場合、あなたはどこから手をつけますか？

ある程度は予想ができる簡単そうなものから始めますか？

時間がかかって難しそうなものからやりますか？

多くの人が、「簡単そうなもの」からやり始めているように思います。


その背景には、大きく2つの理由が考えられます。

ひとつは、**「目の前にたくさんの仕事があるのだから、ひとつだけでも早く片付けておきたい」**という切迫した心理が働くこと。

もうひとつは、**難しそうなものから、「できるだけ逃げたい」**という気持ちが芽生えて、面倒そうなものを後回しにしているのです。


仕事を短くやるためには、**難しそうに感じるものから先に始めた方が、トータルで**

早く仕事が片付きます。

難しそうと感じる原因は、これまでに経験したことがないケースがほとんどですから、ゴールまでの所要時間が計算できないため、後回しにしてしまうと、結果的に期日に間に合わないという事態が発生します。

難しいと感じるものほど、時間をかけて取り組む必要がありますから、**最優先でやっておけば、その時間を十分に作り出すことができる**のです。

判断基準は「頭の中でストーリーを描けるか？」にある

仕事の難しさを判断する際は、自分の経験の有無だけを基準にするのではなく、その仕事の進め方や方向性をイメージして、具体的な「ストーリー」（展開）を頭の中で描けるかどうかで考えることが大切です。

まったくストーリーが浮かばない案件であれば、**必要な情報やデータが確実に不足していますから、**それらを先に収集する必要があり、「これは時間がかかるな」と想定できます。

時間がかかると感じたものから、先に始めればいいのです。

これまでに経験したことがない案件でも、自分でストーリーが明確に想像できるようであれば、優先順位を下げても、あまり時間をかけずに仕事を仕上げることはできるはずです。

大事なことは、抱えている仕事のすべてを無事にゴールさせる点にありますから、**最初に難しい案件で時間を取られても、不安になる必要はありません。**

「難しそうなもの」↓「簡単そうなもの」の順番で取り組んでいけば、取りこぼすことなくすべての仕事を終えることができます。

短くやるコツ

難しい仕事から先に始めた方が、トータルで早く仕事が片付く!

05

やったことがない仕事を進めるときは、最初から「想定外」を計算に入れる

こんな人は要チェック!

◇仕事のキャリアが浅い人
◇不得意な分野が多い人

想定外の事態に強い人、弱い人の差

上司から、**自分がやったことのない仕事を頼まれると、どう対応すればいいのかわからず、時間がかかることがあります。**

進め方を知らない不安がストレスとなって、それが原因でさらに仕事が遅くなってしまう……。

そんな経験をしたことがある人も、きっと多いのではないでしょうか？

こうした想定外のことは、誰にでも普通に起こります。

「想定外のことは起こるのが当たり前」と平常心で受け止めて、自分のできる範囲で、**現在の想定外を将来的に想定内にできるように準備しておく**ことです。

想定外に対応するための準備とは、「観察力」と「先読み力」を総動員して、会社やチームの動向を常にチェックしておくことです。

「今、会社はどんな方向に向かっているのか?」とか、「上司は何を始めたいと考えているのか?」など、**自分を取り巻く状況を注意深く観察して、チームや自分がどんなタスクを与えられることになるのか**……について、先を読んでおくのです。

「起きたときにどうするか?」を決めておく

先を読むためには、単に想定される状況を考えるだけでなく、**その状況の中でいかに効率よく動くか**……までを視野に入れておく必要があります。

例えば、健康のために、「毎日、野菜ジュースを飲もう」と考えたとします。

毎回、コンビニに寄って買う人がいれば、スーパーの特売日にまとめて買う人もいます。

スーパーでまとめ買いをする方が、コスパはよくなりますが、重い荷物を運ぶことになり、家に在庫スペースを確保する必要もあります。

先読み力のある人は、こうした事態を予想して、ネット通販の定期便を申し込み、1週間単位で手元に届くように設定しておきます。

そうすれば、割引料金で買えるだけでなく、重い荷物を運んだり、保管スペースを用意する必要もありません。

先を読むことを意識すれば、どんなことにも応用ができます。

短くやるコツ

「想定外」を想定しておけば、冷静に対処できる!

06

やることがたくさんあるときは「休憩の取り方」を工夫してみる

こんな人は要チェック!

◇後回しにしている仕事が多い人
◇几帳面すぎる人

仕事を「同時並行」で進めるのが苦手な人の共通点

たくさんのタスクを抱えている場合でも、その進め方は人によって異なります。

ひとつのタスクを最後まで終えてから、他の仕事に手を付ける人もいれば、ある程度の区切りができるまでは、他のタスクに手が付けられないという人もいます。

几帳面な人ほど、こうした進め方をしているようですが、**それでは後回しにしたタスクが、すべて遅くなってしまいます。**

現代のビジネスはスピードが命ですから、すべてのタスクを同時並行で進めて、短時間のうちに全部のタスクをやり終える必要があります。

これが、「マルチタスク」と呼ばれる仕事との向き合い方です。

几帳面な人が、同時並行を苦手とする一番の理由は「**頭の切り替え**」**ができない**ことにあります。

上手に頭を切り替えて、すべての仕事を効率的に進めるためには、**自分の「集中力」の限界点を見極めて、それを「切り替えスイッチ」として活用する**ことです。

高校の授業は50分やって休憩、大学の授業は90分やって休憩、自動車の運転はカーナビが2時間で休憩を推奨するなど、世の中にはザックリとした切り替えの目安がありますが、集中力の限界点は人によって違いがあります。

「自分の集中力は60分が限界だな」と思うならば、その前にタスクがひと区切りしたら、すぐに別のタスクに取り掛かることが重要です。

ここで休憩タイムを挟んでしまうと、せっかくフル稼働している「脳」を再起動させるのに時間がかかります。

「脳の限界点」と「肉体的な限界点」は異なる

人間の脳は別の刺激を与えることによって、「休憩」→「活性化」することが科学的に証明されていますから、他のタスクに取りかかることによって、集中力を持続することができます。

脳の集中力の限界点と、肉体的な疲労の限界点は異なります。

タスクとタスクの合間に無理して休憩タイムを挟む必要はなく、「目が疲れた」とか「腰が重い」と感じ始めたら、その段階で休憩を取るだけで実は十分なのです。

短くやるコツ

気持ちがノッているときは、休憩を挟まず、次の仕事に取りかかった方が早く終わる!

07

納期まで時間がないときは「無理」と「無茶」に分けて考える

こんな人は要チェック!

◇常に納期に追われている人
◇得意先に従順すぎる人

厳しい納期を設定されたときの正しい対処法

取引先の担当者から、「納期はこの日までということで、いかがですか?」と仕事の締め切りを設定されるのは日常的によくあることです。

「その日程では、相当に厳しいな」と思っても、お得意様の申し出とあれば、「承知しました。何とかいたします」と受け入れることも多いと思います。

どんな仕事でも、一定のクオリティを保つためには最低限の時間は必要ですから、**あまりにも厳しい期限設定を安請け合いするのは考えもの**です。

その仕事にかかりきりになると、他の仕事まで手が回らなくなって、すべての進行に遅れが出ます。

無理やり間に合わせて仕事が粗くなったのでは、成果につながることもありません。

いくらお得意様だとしても、あるいは大切なお得意様だからこそ、「**無理なものは無理」とハッキリと伝える必要があります。**

きちんと話し合う姿勢を持つことが、仕事を「短くやる」ためには重要です。

相手先から厳しい納期を提案されたら、**まずは「無茶」と「無理」に分けて考える**ことが大切です。

無茶な納期とは、**相当に踏ん張れば、何とか期日に間に合うもの**を指します。

無理な納期とは、**どう頑張ってみても、現実的に間に合わない期日のもの**です。

お得意様から、無茶なリクエストが出された場合は一考の余地がありますが、無理な注文であれば、「それは時間的に不可能です」と正直に伝えるべきです。

こちらから「実現可能」な期日を提案する

私もクライアント企業から無理な依頼をされることがありますが、スケジュール的に不可能と判断した場合は、その理由をしっかりと説明した上で、「この期日であれば、品質レベルを保って、きちんと納品ができます」と実現可能な日程をこちらから提案するようにしています。

ある程度、時間的に余裕のあるスケジュールで先方の了解を得られれば、**他の仕事を犠牲にするリスクを回避できます。**

最初に設定された期限がどうしても動かせない場合は、「その期日であれば、このくらいのレベル感の納品は可能です」と伝えて、最初の段階で、「100%の品質は約束できない」と納得してもらうこともあります。

期限が変えられない場合は、こちらのエネルギーコストを減らすしか方法がないためですが、ほとんどのクライアントはきちんとした品質を望んでいるため、意外とスムーズに合意形成ができます。

誠意を持って対応すれば、期日に振り回される事態は避けることができます。

短くやるコツ

無茶な納期はトライする。無理な納期は断る!

08

限られた情報で提案資料を作るときの「正解」

こんな人は要チェック！

◇仕事のやり直しが多い人
◇いつも仕事が遅れがちな人

突然の「ムチャ振り」に、どう対応していますか？

「明日、取引先とのミーティングが決まったから、**何か新しいプランの提案書を出してほしい。**明日の朝イチで頼むね」

上司からこんな指示を出されたら、あなたはどう対応しますか？

他にたくさんのタスクを抱えていても、緊急度で見れば最優先ですから、何とかする必要があります。

現実的な対応策は、次のようになるかもしれません。

①徹夜を覚悟して、新しいプランを考え始める
②親しい先輩や同僚に助けを求める
③メールや電話で同業他社の知り合いに相談する
④ヒントを探してネットで検索しまくる
⑤「ムチャ振りだ！」と怒って拒否する

ここまで極端なケースは珍しいとしても、似たようなことは日常的に起こります。

私が当事者であれば、⑤は論外としても、①から④の中に選択肢はありません。**どれを選んでも、取引先や上司が満足するような提案書ができるとは思えず、その仕事と時間の両方が無駄になる**可能性があるからです。


私が部下の立場であれば、「**もう少し情報をください**」と上司に相談します。

「ミーティングの出席者はどこの部門のどなたですか？」

「提案書は当社だけですか？　他社と競合ですか？」

「先方は新規事業に何を求めていますか？　その目的は？」

最低でも、このくらいの情報は事前に確認する必要があります。

正式な提案書は改めて作成すればいい

もし上司が、「そんなのわからないよ。今から聞くのも無理」という反応だったら、次のような提案をすると思います。

「**一発勝負の提案書ではなく、第一段階としてコミュニケーション・ペーパーを作りませんか？**　先方の要望や目的、規模、予算などを聞き取って、必要な情報を集めてから、正式な提案書を改めて作らせてください。先方には、その方向で話を持っていってくれませんか？」

こちらの勝手な判断で提案書を書いても、その仕事が無駄になるだけでなく、会社の信頼度にも影響が出ます。

相手の要望に沿った提案であれば、採用される可能性も高くなるのです。

短くやるコツ

二度手間を防ぐコツは、「勝手な判断」をしないこと！

09

正攻法が通じないときは「サードア」を探してみる

こんな人は要チェック!

◇生真面目すぎる人
◇仕事の成果が出ていない人

人が気づいていない「抜け道」を見つける

仕事を短くやるためには、常に「サードドア」を意識することが大切です。

多くの人が利用する一般的な正面玄関が「ファーストドア」。

限られた人だけが利用できる扉が「セカンドドア」。

サードドアとは、**人が気づいていない「抜け道」**を指します。

どんなタスクでも、正攻法の正面突破が効率的とは限りません。

「第3の扉」を見つけることができれば、効率よく成果を上げることができます。

私が体験した「サードドア」のエピソードを紹介します。

外資系コンサル会社のアクセンチュアに入社した当時、私は英語を話すことができませんでした。

人事部の担当者から、「日本のプロジェクトがたくさんあるから大丈夫」と説明されていましたが、**実際には英語が話せなければ何もできない状況**でした。

周囲を見渡せば、ほとんどが海外留学の経験者や帰国子女です。

会社からは、提携している英会話学校に通うことを勧められましたが、忙しい職場のため、それも難しい感じでした。

私に与えられた次の3つの選択肢は、どれも正攻法ですが、どれをとっても実現不可能なことばかりです。

①英会話学校に通う↓時間的に無理
②個人レッスンを受ける↓時間的、金銭的に無理
③海外留学する↓現実的に無理

絶望的な気分で、泣きそうになりながら、「何かいい方法はないか？」と悩み続けました。

ネットで調べたり、トヨタやTBS時代の友人、学生の頃の仲間にも相談しましたが、「英会話学校に行くしかないだろ」とか、「それでよく外資系のコンサルに行ったな」という話ばかりで、コレといった打開策はありません。

もし、あなたが同じ境遇だったら、どう対処するでしょうか?

「第3の扉」がピンチを助けてくれることもある

悩みに悩んだ末にたどり着いたのが、スマホで利用できる、ある**「オンライン英会話アプリ」**でした。

いつでも、どこにいても、24時間、好きなタイミングで外国人と英語で話ができて、料金は月額の定額制です。

仕事の合間の5分間とか、帰宅後の30分など、自分の都合に合わせて英会話が学べるのですから、八方塞がりの私にとっては、まさに「サードドア」の発見でした。

会話の相手は、画面に表示されるたくさんの顔写真の中から、国別、男女別、年齢別に選ぶことができます。

最初にアメリカ人やイギリス人など、英語のネイティブ・スピーカーを選んでみたら、話している内容がまったく理解できず、あえなく撃沈。

気を取り直して、**フィリピンや南東ヨーロッパのセルビアの方々を選んでみると、「あれっ、何となく話がわかるな」と自信が芽生え始めました。**

それからは、スキマ時間を見つけては、スマホを片手にオンラインの英会話に没頭していたところ、半年くらい経って、ネイティブの英語がわかるようになり、気後れすることなく英語で話ができるようになりました。

このアプリの英会話は現在も継続しており、自分の娘にもやらせています。

彼女は小学校4年から始めて今は中学生ですが、留学経験がないのに流暢にネイティブ・スピーカーと英語で会話を楽しんでいます。

英会話学校に通う時間もお金もない私にとって、このオンライン英会話アプリとの出会いは、まさに「サードドア」の発見となりましたが、その**出会いのきっかけも、実はサードドアを開けたことによって引き寄せたもの**です。

流暢に英語を話す先輩や同僚ばかりにアドバイスを求めて、絶望的な気分になっていた私は、会議中、あることに気づきました。

英語のアクセントや発音はネイティブレベルではないものの、外国人を相手に対等にコミュニケーションを取っている先輩を見つけたのです。

「もしかすると、この人も自分と同じ経験をしているのではないか？」

そう思った私が、その先輩に率直に相談してみると、当時、まだ誰も使っていなかったオンライン英会話アプリの存在を教えてくれたのです。

どんなことでも、**まずはサードドアを探してみる**ことが大切です。

それが最短ルートになるだけでなく、ピンチを助けてくれることにもなります。

短くやるコツ

サードドアを見つけるポイントは、「違い」や「差」に気づくこと

10

最短ルートで仕事をする人の「仮説」の立て方

こんな人は要チェック!

◇仮説の立て方に迷っている人
◇勘が鋭いと思っている人

自分勝手な「判断」や「思いつき」は逆効果

ビジネスの世界では、タスクに取り組む前の段階で「仮説」を立てることが推奨されています。

これは「**仮説思考**」と呼ばれるもので、最初に「これが問題の原因では?」と展開を予想して、その予想(仮説)が正しいかどうか検証を繰り返す「問題解決型」の思考のひとつです。

会社の上層部や上司から、「**このタスクについて、どんな仮説を持っているのか?**」と問われて、目を白黒させた経験がある人も多いのではないでしょうか?

仮説とは、現時点で把握できている「事実」に自分が持っている「情報」や「経験値」を加えることで、問題が起きている原因を「読む」ことですが、私はそれだけでは不十分だと考えています。

なぜならば、**仮説にも「精度」が必要**だからです。

自分勝手な判断や単なる思い込みで立てた仮説は、精度の高い情報や知見を基にしていないため、単なる思いつきに過ぎません。

会社や上司が納得するような「**もっともらしい仮説**」は用意できるかもしれませんが、結果的にミスリードになったのでは逆効果です。

論拠のない仮説は、立てるだけ時間の無駄と考える必要があるのです。

仮説を立てる際は「データドリブン」で判断する

私は仮説を立てる場合はもちろん、意思決定や企画の立案でも、すべて「データドリブン」で判断しています。

データドリブンとは、自分の経験や勘に頼らず、**さまざまな状況から生まれるデータを基に物事を判断する**ことです。

仮説とデータの関係は、医師の見立てとMRIの関係に似ています。

患者さんが、「お腹が痛いんです。たぶん胃です」と来院すると、医師は「胃が痛いのであれば、薬を出しておきますので、しばらく様子を見ましょう」と言って胃薬を処方します。

お腹が痛いという「事実」に基づいて、胃炎の可能性があるという「仮説」を立て、胃薬を処方するという「対策」を講じているのです。

それで治れば何も問題はありませんが、本当に痛い場所が胃ではなく、胃と密接に関係する膵臓《すいぞう》であったとしたら、いつまで経っても患者さんの痛みはなくなりません。

その結果、痛みが続く↓治療が長引く↓病気が進行する……という事態を招いてしまうのです。

データドリブンで判断するというのは、何の根拠もない問診だけで診断を下すのではなく、データを集めるために患者さんにMRIを受診してもらい、**ファクトを把握してから治療の方向性を決める**ということです。

「胃が痛い」という情報だけで問題点を絞り込んだのでは、患部が膵臓であるという事実にはたどり着くことができません。

手に入れた情報に頼り切るのではなく、客観的なデータを求めてMRIを受けてもらえば、「この患者さん、膵臓に問題がありそうだな」と**論拠のある仮説を立てることが可能になり、すぐに有効な治療を始める**ことができます。

さらに、CTやエコー、採血など多角的に検査を行うことで痛みや不調の原因を突き止めやすくなります。

現代は詳細なデータを集められる時代ですから、仮説を立てる際は多角的にデータや情報集めを最優先する必要があるのです。

短くやるコツ

根拠のない仮説は、立てるだけ無駄！

第2章

余計なことをしない!
仕事の「無駄」を削る方法

「やらなくてもいい仕事」をやらない

仕事を「短くやる」ためには、「無駄なことをしない」という視点を持つことも大切です。

無駄なこととは、**「忙しくて時間がないときならば、絶対にやらないだろうな」**と思えるような事柄を指します。

パワーポイントを使って会議資料を作成する際に、必要以上にカラフルに仕上げたり、返信メールの文面に妙なこだわりを持つなど、誰も望んでいないことに時間を浪費している人が、意外と多いのです。

本当にやるべき仕事は、次の2種類だけです。

①「MUST WORK」（必ずやらなければいけない仕事）
②「WANT WORK」（やる方が望ましい仕事）

この2つに属さない仕事は、「NO VALUE WORK」（やらなくても誰も困らない仕事）

ですから、勇気を持って切り捨てる必要があります。

そのためには、「この仕事は本当にやるべきことなのか？」と客観的に考えてから、**「最低限、どこまでやる必要があるのか？」**を見極めることです。

「完璧でありたい願望」を捨てる

仕事が遅くなる原因のひとつは、日本人の「**完璧主義**」にあります。

仕事は完璧であることが理想ですが、多くの場合、それは自分の「**完璧でありたい願望」を満たしているだけ**で、「１００％」完璧な仕事というのは、意外と存在しないものです。

上司にレポートを提出するケースでも、完璧なレポートを書こうと思って仕事を始めると、そこに膨大な時間を費やすことになります。

あまりにも時間をかけてプランを練っていると、上司から、「あのレポートはどうなっている？」と催促されることになり、焦って提出したら、見事に却下されて書き直しを指示される……。

こうしたことの繰り返しが、仕事を遅くしているのです。

仕事が速い人は、最初から完璧を求めていません。

自分の中で「70％」くらい考えがまとまったら、その段階ですぐに上司のチェックを受けています。

「まだ途中経過なのですが、この方向性でどうでしょうか？」

何か問題があれば、「ここは、こうした方がいいね」とアドバイスをもらえますから、それをプラスすればレポートは完成に向かいます。

自分だけで100％を目指すと時間がかかりますが、プロトタイプ（叩き台）の段階で上司の指示を受けてしまえば、遠回りせずにタスクを終えられます。

最初から100％を目指すのではなく、最終的に100％にたどり着ければいい

……という発想をすれば、仕事は短くできます。

「神はスピードに宿る」と考える

変化の激しい現代のビジネスでは、「神は細部に宿る」ではなく、「**神はスピードに宿る**」と考えることが大切です。完璧主義は細部を詰めるためには有効ですが、**仕事のスピードを上げるためには逆に「足かせ」になります。**

仕事の目的は、必要以上に細部を詰めることではなく、あくまで成果を出すことにありますから、最終的なゴールをイメージしながら、そこに到達するための最短のルートを探し出す工夫が求められるのです。

仕事を「短くやる」ためには、必要な仕事と不要な仕事を取捨選択して、**不要な仕事を切り捨て、必要な仕事をするための時間を確保して、成果の数をできるだけ増やしていく**ことが重要です。

私が勤務していたトヨタやアクセンチュアには、「無駄」を嫌い、「効率化」や「スリム化」を大切にする「シンプル・イズ・ベスト」の文化が根付いていましたが、こうした考え方は、多くの人にも役立つ視点だと思います。

11

仕事が速い人は「余計な資料」を抱え込まない

こんな人は要チェック！

◇資料整理が追いつかない人
◇デスク周りが雑然としている人

極端に少ない資料しか持たなかったトヨタ時代の上司

仕事関係の資料は成果を出すための大事な「武器」のひとつですが、**安心感を得るために余計なものまで抱え込んでいると、無駄な仕事が増える**だけでなく、チームの生産性にも影響が出ます。

私はトヨタに勤めていた時代の上司から、それを学びました。

トヨタでは、部署の引っ越しが頻繁にあり、大きな図面や大量の資料を運ぶだけでひと苦労でしたが、なぜか私の上司だけは、素早く引っ越し作業を終えて、ひとりだけ自分の仕事に専念していました。

その上司は目立って仕事が早く、圧倒的な成果を出している人でしたが、**極端に自分の荷物が少なかった**のです。

お互いに信頼関係ができていましたから、私は軽い感じで上司に聞いてみました。

「なぜそんなに荷物が少ないんですか？　引き出しの中、空っぽですよね？」

その上司は、「空っぽちゃうわ!」と笑いながら、こんな質問をしてきました。

「逆に聞くけど、なんでそんなに資料を持っているの?」

私は会議で配布された資料や他社の報告資料を、大量に机に収納していたのです。

「なぜって、担当だからです。必要じゃないですか」

「あぁ、それじゃダメだな」

「どうしてですか?」

「ちょっと考えてみよっか」

トヨタには、**「まず自分で考えてみる」**という企業風土が色濃くあったのです。

資料が多いということは、全体像が見えていない証拠

あれこれと考えて、自分の中で結論が出たので、飲み会の席で聞いてみました。

「いろいろ考えてみたんですけど、誰が何をやっているのか、すべてをわかっているから、自分が資料を持たなくても、これは誰が持っている、あれは誰が持っている

と、把握していることですかね？」

上司は、「そうだよ」と答えて、こんなアドバイスをくれました。

「**それがわかっていないということは、チームの全体像が見えてないということ**だろ？　それではいい仕事はできないよ」

これは上司だけのことではなく、チームのメンバーそれぞれが高い視座を持って全体像を把握していれば、余計な資料を抱え込む必要がないだけでなく、チームの生産性も上がる……ということを意味しています。

誰が何を担当していて、どんな課題を持っているのか、普段からコミュニケーションをして情報を集めておけ……ということだと理解しました。

本当に重要な資料だけを持っていれば、あとは**誰がその他の資料を持っているかを把握しておくだけで事足ります**から、効率よくスムーズに仕事ができるのです。

短くやるコツ

手持ちの資料が少ないほど仕事はスムーズに進む！

12

実は時間の無駄！「やることリスト」は作らない

こんな人は要チェック！

◇常に仕事に追われている人
◇仕事が思うように進まない人

仕事のリスト化には、意外な「盲点」がある

ビジネスの世界では、仕事を始める前に「やることリスト」を作成して、上から順番に潰していくことが推奨されています。

仕事を「視える化」することで、やり忘れを防ぐという意味では効果があると思いますが、私はこの方法には懐疑的です。

リスト化には、意外な「盲点」があるからです。

仕事をリスト化する場合、ほとんどの人が新たなタスクを下に付け加えて、やるべき仕事の全体像を把握し、やり忘れを防ぐという「リスク管理」にポイントを置いていますが、このやり方では**仕事の優先順位が反映されないため、結果的に効率が悪くなってしまう**のです。

やることリストは、優先順位に従って順番に並べ直す必要がありますが、そんな手

間をかけるくらいなら、わざわざ時間をかけてリスト化しても意味がありません。

やるべき仕事を「箇条書き」にして、頭の中で整理する習慣を身につけた方が、はるかに効果的です。

リストを作って上から順番に潰していくのではなく、箇条書きにした「備忘録」を優先順位に従って潰すことで、仕事は効率的に短くやることができます。

「リスト化」は外部環境の変化に対応できない

例えば、タクシーに乗って、「どこそこまで、急いでください」と伝えたとします。

経験の浅いドライバーの場合、まずはナビをセットして、5つくらい表示される候補の中から、最短のルートを選択して、それに従って目的地に向かいます。

この**5つくらい表示される候補ルートが、いわば「リスト化」された選択肢**です。

ベテランのドライバーであれば、瞬時に複数の候補ルートを頭の中で思い浮かべ、

「この時間はどこが渋滞しているか?」とか、「このタイミングでは、交通規制の可能性がある」など、自分の経験値で条件を加味して、ベストのルートを選びます。

リスト化されたナビに頼ることなく、条件や状況に応じて柔軟に情報をピックアップして判断するから、早く目的地に到着できるのです。

リストを作成して判断基準を固定化してしまうと、外部環境の変化に対応できず、結果的に空回りすることになります。

仕事を「視える化」するだけでは、必ずしも仕事は短くやれないのです。

短くやるコツ

「やることリスト」を作ると、結果的に効率が悪くなる!

13

「100点」を目指すから仕事が遅くなる

こんな人は要チェック!

◇何事にも完璧を求める人
◇複数の仕事を回すのが苦手な人

ひとつのタスクに集中してしまうと時間切れになる

どんな仕事でも100点満点の結果を出すことが理想ですが、たくさんのタスクを抱えているならば、そのすべてで満点を狙うことは現実的ではありません。

日本人には完璧主義の人が多いため、全部の仕事で100点満点の結果を狙いがちですが、**仕事には必ず制限時間があります。**

満点を目指してひとつのタスクに集中してしまうと、時間切れで他のタスクまで手が回らなくなります。

残りの仕事が全部0点になったのでは、何の意味もないのです。

私は自分の会社の社員には、「すべての仕事で、まずは70点を確実に取る」ことを要求しています。

優先度の高い仕事から始めて、全部のタスクで70点を目指します。

ひと通りの仕事が70点のレベルに達して、時間的な余裕や余力があれば、70点を80

点へ、さらには90点に向かってブラッシュアップする……というスタイルです。

すべての仕事で満点を目指すと、プレッシャーに押し潰されながら、全力疾走する必要があり、仕事に「ムラ」が生じます。

70点のアベレージでいいとなれば、不安やストレスを抱えることなく、自然体で取り組むことができますから、素早く仕事が進みます。

短い時間で効率よく結果を出すためには、まずは70点を目指すことが第一関門だと考えています。

自分が考える100点が上司の求める満点とは限らない

先に紹介した上司にレポートを上げるケースも、考え方は同じです。

100点満点の報告書を書こうとすると、細部の詰めの甘さが気になるなど、**不安な点ばかりに目が向いて、素早く仕上げることができません。**

私が考える70点とは、基本的な骨格が組み上がったプロトタイプ(叩き台)のレベルを指します。

ベースとなる考え方がまとまったら、早い段階で、「**まだ途中経過ですが、基本的な考え方は合っていますか?**」と上司にチェックしてもらうのです。

何か問題があれば、「ここが違うな」と指摘してくれますから、そこを修正すれば、すぐに報告書を書き上げることができます。修正にかかる時間は大幅に削減されるでしょう。

自分が想定する100点満点が、上司の求める100点とイコールとは限りません。

まずは70点を目指すことが、仕事を「短くする」ことにつながります。

短くやるコツ

大半の仕事は70点でも十分に通用する!

14

できる人は「制限時間」を超えない

こんな人は要チェック!

◇会議が多くて仕事が進まない人
◇長い会議にうんざりしている人

議論の途中でも時間が来たら「強制終了」する

日本企業には、長い会議を肯定的にとらえる風潮があります。

多くの人が、「会議は長いものだ」という先入観を持っており、連日、長時間の会議が続いても、「まぁ、そんなもんだろう」と違和感なく受け入れています。

「会議が長すぎて、自分の仕事ができない」

そう感じている人は多いはずですが、なぜか改善されることはなく、時間ばかりかかって、何も結論が出ないままの会議が延々と繰り返されています。

働く時間が短くなっているのですから、あらかじめ制限時間を設定して、ダラダラと長いだけの会議は短縮する必要があります。

どのくらいの時間に設定するかはケースバイケースですが、これまでの経験則で合理的に判断すれば、適切な時間を割り出すことができます。

大事なポイントは、まずは制限時間を決めることであり、**適切な時間設定をしたら、**

仮に議論の途中であっても、その会議を「強制終了」することです。

少しくらいなら、時間を延長しても問題ない……と考え始めると、いつまで経っても長い会議が続くことになります。

何も決めない会議ならばメール連絡で十分

私は会議や打ち合わせは30分と決めており、社外の大事な打ち合わせでも絶対に1時間は超えないようにしています。

一度でも時間を超えてしまうと、「**1時間以上でも大丈夫なんだな**」と思われて、ズルズルと長引くことになります。

相手が取引先の場合は、あらかじめ制限時間を伝えることは失礼になりますから、1時間が経過したら、「**次に行かないといけませんので**」と伝えて退席しています。

それが2回くらい続けば、相手も「打ち合わせは1時間ということだな」と理解してくれるようになります。

外資系コンサル会社のアクセンチュアには、「これは無意味な会議だな」と思ったら、途中で抜けてしまう人がかなりいました。

何も決めようとしない会議ならば、メール連絡で済むだろう……という判断です。

相手がクライアントの場合でも、最初に「ナーチャリング」（顧客育成）期間というものを設けて、合理的に話し合いが進むように相手を促していました。

日本の会社では、そこまで割り切って考えるのは難しいかもしれませんが、**そのくらいの強い姿勢で臨まなければ、なかなか時間は削れない**ものだと思います。

短くやるコツ

「絶対に30分で終わらせる」という強い意志を持つことが大切！

15

実は余計なこと！資料は「1枚」にまとめない

こんな人は要チェック！

◇資料作りに時間がかかる人
◇文章を書くのが苦手な人

「1分」で理解できるような資料を作る

現代のビジネスはスピードが命ですから、会議資料や上司に提出する提案書なども、簡潔ですぐに理解できる内容であることが重要です。

最近では、A4やA3用紙1枚にコンパクトにまとめる「**1枚資料**」が重視されていますが、私はこの方法論には注意が必要と考えています。

大事なのは、1枚に内容を凝縮することではなく、「**どのような手順で相手が素早く理解できるように伝えるか？**」にあると考えています。

1枚にまとめることに苦心して、それに時間を費やしたのでは、仕事を短くやることにはつながりません。

いくらコンパクトに書いてあっても、読んだ相手がスッと理解できなければ、1枚にまとめた効果は半減してしまいます。

無理に1枚にまとめるのではなく、**読んだ相手が「1分」で理解できるようにまとめることの方が、圧倒的に実用性が高い**のです。

「要約力」が身につけば、資料作りは早くできる

その具体的な方法をお伝えするために、私がビジネスマン向けのワークショップで使用している例題を紹介します（87ページ参照）。

この例題をクリアするために必要なのは「**要約力**」です。

手に入れたさまざまな情報を整理して、コンパクトにまとめるチカラを身につけることが、「1分で理解できる資料」を作るための原動力となります。

私は要約力を身につけることが、仕事を「短くやる」ことに直結するだけでなく、**要約力がなければ、仕事を短くやることは、限りなく不可能に近い**と考えています。

まずは例題を一読してから、このページに戻って、次にお伝えする手順に従って、「お題」や「依頼内容」を順番にまとめてみてください。

最初は難しく感じるかもしれませんが、考え方のコツさえ理解すれば、誰でもスピーディにできるようになります。

【手順①】まず最初に「何の話か？」を書く

【お題】とは、「何についての話か？」というメインテーマのことです。

会社の新人研修などで、「資料は結論を先に書く」と教えられたかもしれませんが、相手が忙しい上司であれば、**結論よりも先に「どの案件に関する提案なのか？」を伝えること**で、理解がグッと早まります。

【手順②】「どんな判断を求めているのか？」を書く

お題に続いて、上司が「何を判断すればいいのか？」という【依頼内容】を2番目に書くことで、この提案書の目的を明確に伝えます。

【手順③】ここで初めて「結論」を書く

お題と目的を明らかにしてから、ここで初めて【結論】を伝えます。

自分が、「どのようにしたいのか?」をスムーズに理解してもらうには、**お題→依頼内容→結論の順番で伝えることが大切**です。

【手順④】「論拠」を提示する

先の結論に至った【論拠】を箇条書きにして提示します。

あまり多すぎると論点がブレるので、**3つくらいに絞る**必要があります。

【手順⑤】必要に応じて「補足」を加える

上司に伝えておきたい有力な情報があれば、参考のために、**箇条書き**で一番最後に添えておきます。

ワークショップ例題

【問題】

下記の会話を要約してください。


【会話の内容】

Tさん、A社提案の件が大詰めになってきたので、相談させてください。

今回、商品Bを提案しています。この売値を100万円から60万円に変更して販売することを承認いただけませんか？　承認いただきたい理由は以下の3つです。

まず、60万円なら競合のC社に勝てそうです。C社は、機能はほぼ同等の商品を70万円で見積を出しています。

次に、A社のお客様担当者のDさんは60万円ならうちの商品で通せそうだと言っています。E課長も価格が社内説明できれば、うちとの付き合いを優先したいようです。

最後に、B商品の粗利は50万円なので60万円でも利益が出ます。今回の利益は下がってしまいますが、今回の案件で商談幅を広げることができるので、今年中に何件か追加商談ももらえそうです。なので、A社向け商品Bの値引きについて承認ください。

要 約 し て く だ さ い

①お題（何の話か？）

②依頼内容（上司に何をしてほしいのか？）

③結論（自分はどうしたいのか？）

④結論に至った論拠
・
・
・

⑤補足
・
・

会話の要約例（ワークショップ回答）

①お題（何の話か？）

A社提案の件

②依頼内容（上司に何をしてほしいのか？）

A社向け商品Bの値引きについての承認

③結論（自分はどうしたいのか？）

A社向け商品Bの売値を現状の100万円から60万円にすれば競合に勝てる

④結論に至った論拠

・競合C社はA社に対し、機能がほぼ同等の商品を70万円で提案している
・A社のお客様担当者のDさんが「60万円なら弊社の提案が通りそうだ」と言っている
・A社のE課長も「価格が社内説明できれば、うちとの付き合いを優先したい」と言っている

⑤補足

・B商品の粗利は50万円のため、60万円の売値でも利益は出る
・この提案が通れば、今年中にA社から別の追加商談がもらえる可能性がある

資料作りに不可欠な3つのチェックポイント

資料を作成する際には、次にお伝えする3つのポイントに沿って、必ず最終チェックをすることが大切です。

【チェック①】伝える順番を入れ替えない

「**お題**」→「**依頼内容**」→「**結論**」→「**結論に至った論拠**」→「**補足**」**の順に伝えるこ**とで、読んだ相手はスムーズに理解できます。

この順番を間違えないように注意する必要があります。

【チェック②】できるだけ文字数を少なくする

文章が長くなると、相手が理解するのに時間がかかります。

基本は「箇条書き」で、**短く書く**ことがポイントです。

【チェック③】難しい用語は使わない

難しい「専門用語」や意味が曖昧な「横文字表現」は避け、**平易で簡潔な文章でまとめる**ことが、読み手の素早い理解につながります。

私はこの順番に従った資料作りのノウハウをトヨタの時代に身につけ、ＴＢＳやアクセンチュアという異なる分野の仕事でも活用してきましたが、上司やクライアントの評価は上々でした。

現在も日常の仕事にフル活用しており、その効果の高さを実感しています。

資料の作成は手間のかかる面倒なタスクの代表格ですが、このノウハウをマスターすれば、**相手に伝わりやすい簡潔な資料を短時間で作る**ことができます。

短くやるコツ

要約力を鍛えて、「1分」で理解できる資料をつくる！

16

話が長い人は「箇条書き」で話すようにすると相手に要点が伝わる

こんな人は要チェック!

◇話が長いと自覚している人
◇考えがまとまらない人

簡潔に書ければ、短く「話す」ことができる

要約力を高めて、先に紹介した手順を「ひな形」にすれば、さまざまな提出書類やメールに応用できるだけでなく、**会議やプレゼンなど、口頭で相手に要件を伝える際にも役立ちます。**

要点を整理して、簡潔に書くことができれば、やがてコンパクトに短く話すことができるようになります。

私の経験では**「書く」**→**「話す」の順番**だと思います。

難しく考えたり、不安になる必要はありません。

子供の頃の国語のテストで、「次の文章を読んで、筆者の意図を100字でまとめなさい」という問題と向き合ったことがあると思いますが、求められている能力はそれと同じです。

最初は手間取っても、繰り返し続けていけば、自然とできるようになります。

大事なことほど1分で話したい

私はトヨタの時代に、上司や先輩に叱られながら、短く話す習慣を身につけました。トヨタは徹底的に無駄を嫌がる会社ですから、ミーティングなどでダラダラと説明していると、**「もっと短く」**とか、**「1分で話せ」**と注意されるのです。決して威圧的な指導ではなく、話の途中で、**「といいますと？」**なんてツッコミを入れられて、笑いの中で、「お前は何が言いたいんだ？」と指摘されるのです。

その結果、私は**「大事なことほど1分で話す」**ようになりました。効率の問題だけではなく、相手にこちらの意図を伝え、相手もしっかりとそれを理解するためには、1分くらいが限界なのかもしれません。

丁寧に説明するというのは、時間をかけて長く話すことではありません。相手が理解できるように順序立てて、短いフレーズで、難しい言葉を使わず、短時間に伝えて初めて、相手の理解を得ることができます。

話が長い人は、話す内容が整理できていないことがほとんどですから、先の手順をベースにして、**「箇条書きで話す」**ようなイメージを持てば、要点は確実に相手に伝わります。

簡潔に話す習慣を身につけることは、商談やミーティング、電話連絡などの効率がアップして、仕事を短くやることに結びつきます。

話好きな人ほど、話が長くなる傾向がありますから、自分の日常を冷静に見つめ直すことが必要です。

短くやるコツ

「丁寧に説明する」は逆効果！「短く説明する」と伝わる！

17

「後日、メールをします」をやめて、その場で決める習慣を！

こんな人は要チェック！

◇メールが仕事の中心になっている人
◇仕事の時間を確保したい人

メールの「手数」を減らす4つの習慣

「メールに時間を取られてしまう」というのは、多くの人に共通する悩みです。日本の保守的な会社には、「**上の人とのメールは、下の人で終わらなければいけない**」という不思議な不文律が残っていたりします。

本来、メールは便利な時短ツールのはずですが、変な常識に振り回されていたのでは、いつまで経っても仕事は短くなりません。無駄な習慣を見直して、**メールの「手数」を減らすことが重要**です。次の4つの習慣などは、すぐに改善できると思います。

①儀礼的なリアクションをしない

面談した相手に、「本日はありがとうございました」とお礼メールを送る人は多いと思いますが、その数が多くなれば大きな負担になります。

別れ際に、「本日はありがとうございました。**お忙しいでしょうから、お礼メールはいたしませんので**」とハッキリと伝えておけば、お互いにメールを書かなくて済みます。

会食の翌朝に、長々としたお礼メールを書くことも、大事な朝の時間を失うことにつながります。

最後にきちんと感謝の言葉を伝えておけば、礼を失することにはなりません。

相手との関係によっては、LINEで「ありがとうございました」と送るだけでもいいと思います。

②無駄にCCを増やさない

ビジネスメールは、CCで多くの人に送信することが当たり前のようになっていますが、直接関係がないと思われる人にまで送るのは無駄な習慣です。

関係がない人にとっては、メールを読むだけ時間のロスにつながります。

その人が上のポジションにいる場合には、思わぬ横ヤリを入れてきて、メールの回数が増えるだけでなく、仕事が停滞することもあります。

相手に対する忖度の表れなのでしょうが、本当に大事な相手であれば、**ピンポイントでメールを送った方が効果的**です。

メールのCCは、必要最小限に抑える必要があります。

③会議のスケジュール調整はメールでやらない

取引先との商談や社内のミーティングなどで、次回のスケジュールを調整する際に、「**後日、メールをします**」というケースは、意外に多いと思います。

参加人数が複数の場合、その調整だけで何度もメールをやりとりすることになりますが、なぜか恒例行事のように、メール連絡が繰り返されています。

ミーティングの最後などに「**その場**」**で決めてしまえば、手数ゼロ**で済みます。

スケジュール調整は、「日を改めてやるのが礼儀」と考えている人もいますが、お互いの負担を減らす方が礼儀にかなっているのではないでしょうか。

④ビジネスメールに「気の利いたフレーズ」は必要ない

ビジネスメールは、相手にコンパクトに要件を伝えることが目的ですから、気の利いたフレーズやオシャレな表現は必要ありません。

そこに意識が向いてしまうと、時間がかかるだけでなく、**相手に「気の利いたことを返さなければ」と思わせます**から、余計な負担をかけることになります。

凝った文面を送ったとしても、相手が「優秀な人だな」と思ってくれることはなく、逆に「ヒマなのかな!?」と疑いの目で見られてしまいます。

ビジネスメールは、短い時間で簡潔に書くことだけを心がければ十分です。

短くやるコツ

形式的、儀礼的なメールをやめる！ スケジュール調整のメールもやめる！

18

メールに時間を取られてしまう人は返信を「1行」にしてみる

こんな人は要チェック!

◇メールのやりとりが面倒な人
◇仕事に集中したい人

短い文面で不要なラリーを回避する

ビジネスの世界では、「**仕事ができる人はメールの返信が早い**」と思われていますが、私はそれが正解とは思っていません。

メールを書いて送信する↓相手からの返信を待つ↓返信を読んで、新たに付け加えて再送信する↓また返事を待つ……というラリーを何度も繰り返していたのでは、多くの時間を奪われてしまいます。

私は、「**仕事ができる人はメールの文面が短い**」と考えています。

短い文面で不要なラリーを回避することが、メールにかかる時間を短縮することにつながります。

これは戦略コンサルタントの仕事を通じて実感したことですが、優秀な経営者ほどメールの文面は極端に短い傾向にあります。

「わかりました」
「承知しました」

たった1行だけで、「お世話になります」や「よろしくお願いします」などの社交辞令は見事にカットされています。

短いメールは、「優秀な経営者あるある」といっていいほど、共通した特徴です。

その背景には、「できる経営者は時間を無駄にしない」、「すべてに合理的」、「簡潔な文面でも相手に失礼と感じさせない立場にある」など、たくさんの理由が考えられますが、その姿勢には見習うべき要素があります。

多くのサラリーマンは、相手に失礼にならないようにするため、時間をかけて長々と丁寧なメールを書いていますが、**簡潔な文面でも、トラブルにならない方法はあります。**

覚悟を決めて、短い文面でスタートしてみる

これまでに丁寧なメールを送っていた相手に対して、急に簡潔なメールを送ると、「いきなりどうした？」と不審に思われてしまいますが、新たに関係を築いた相手であれば、覚悟を決めて短いメールでスタートしてみることです。

メールが届いたら、すぐに読んで返信するのではなく、**わざと1日くらい寝かせてから、1行で返してみる**のです。

「了解しました」

メールを受け取った相手は、「ずいぶんと無愛想なメールだな」と感じるでしょうが、それが毎回のことであれば、徐々に「**こういうスタイルの人なんだね**」と理解するようになり、回数を重ねるごとに、それが普通のこととなります。

「すぐに返信は来ないけど、1日くらいで確実に連絡は来るな」

相手がそう思って「安心」してくれるようになれば、いたずらにメールのラリーが続くこともなくなります。

これが、**メールの「キャラ設定」**です。

極端に短いメールを受け取ったことがある人なら、すでに同じような経験をしているのではないでしょうか？

最初のうちは「ぶっきら棒な人だな」と思っても、それが常態化すれば「**無駄を嫌う効率的な人なんだ**」と受け取るようになります。

この「キャラ設定」というメール術は、決してエキセントリックな方法ではなく、仕事のできる人は、すでに当たり前にやっていることです。

短くやるコツ

「メールの文面が短い人」というキャラ設定に成功すれば、仕事のスピードが上がる

19

書類の書き直しが多い人は「目線」を自分から上司に変えてみる

こんな人は要チェック!

◇書類の書き直しが多い人
◇仕事のやり甲斐を見失っている人

「このタスクの目的は何か？」という視点を持つ

報告書や資料を作成する際に、意外と陥りがちなミスの代表例が、「目線合わせ」をしていないことです。

目線合わせとは、**会社や上司がどんな目標を持ち、それを実現するために何を求めているのか**……を理解することを指します。

「報告書を頼む」と上司から指示されると、**多くの人が自分の目線で報告書を作成しています**が、それでは上司が求める内容を満たしていないため、どうしても書き直しが多くなります。

こうした作業の繰り返しが、仕事を長引かせる原因のひとつなのです。

報告書のルートは、係長→課長→部長→役員など、会社の上層部に向かって上がっていきますから、日頃から「**上の人たちは、何を考えているのか？**」というアンテナを立てておく必要があります。

会社の上に行けば行くほど、目の前の仕事をタスク単体で考えるのではなく、「会社目線」や「世の中目線」など、ワイドな視点に立って物事を判断しています。

会社の社長は、常に「**この会社は何のために存在しているのか?**」を考えていますから、そこまで考えを巡らせることで、ようやく上層部の求める報告書となるのです。

多くの人は目先のタスクをこなすことをゴールと考えてしまうため、会社が目的としている最終到達点がイメージできないままで仕事をしてしまうのです。

直属の上司の目線や顔色ばかりを気にして、与えられたタスクの目的を理解せず、言われた通りに働いているだけでは、ゴール地点を知らずにマラソンを走っているようなものですから、いつまで経っても忙しく走り回ることになります。

短くやるコツ

自分の目線ではなく、上司の目線で仕事をすると、無駄が減る!

20

情報は「数値化」して伝えると話が早く進む

こんな人は要チェック!

◇長電話が日常的な人
◇メールのラリーが多い人

情報が伝わりやすくなり、会話やメールを短縮できる

仕事が速い人と遅い人の違いのひとつに、情報の「数値化」があります。

日本のサラリーマンはあまり情報の数値化をしていませんが、少し意識するだけで、たくさんのメリットが生まれます。

「昨年の売上げは**過去最高**を記録しました」と言うよりも、「昨年の売上げは**対前年比2倍で過去最高**を記録しました」と伝えた方が、相手の理解が深まるだけでなく、質問の余地を減らすことができます。

数値化できない「定性的」な話は抽象的になりがちですが、数値化や数量化ができる「定量的」な話は、リアルに相手に届くのです。

会議や商談、電話やメールなどで相手に何かを伝える際には、情報をできる限り数値化することで、**会話のキャッチボールやメールのラリー数を減らすことができる**た

め、時間の短縮にも役立ちます。

判断基準が明確化して、比較検討が容易になる

もうひとつのメリットは、何かと何かの比較が容易になることです。

例えば、ラジオで競馬中継を聞いていたとします。

「一番人気はAボーイで、二番人気はBスターです」と伝えられるのと、「一番人気のAボーイは単勝オッズ2倍で、二番人気のBスターは単勝オッズ10倍です」と伝えられるのでは、**聞き手の理解の深度に大きな差が出ます。**

数値化された情報が入ることによって、「一番人気と二番人気では、賭け率にどのくらいの差があるのか？」という疑問の余地がなくなり、2頭の間に5倍の差があることがすんなりと理解できます。

判断基準を数値で明確化することで、比較検討の時間が短くなるのです。

相手に何かを伝える際、私は常に情報の数値化を意識していますが、自分の会社の社員やクライアントの担当者にも、それを求めています。

できる限り情報を数値化することで、お互いの理解が深まり、**Q&Aのラリーが減ることによって、ミーティングや説明の時間が短縮できる**からです。

こうした小さなことの積み重ねが、仕事の時間を短くしてくれるのです。

短くやるコツ

仕事が速い人は具体的なデータを示して相手に情報を伝えている！

21

上司は「教えない」、部下は「聞かない」が最速の近道

こんな人は要チェック!

◇先輩に相談ばかりしている人
◇部下の指導に悩んでいる人

誰かに聞いた方が手っ取り早い？

すぐに答えが見つからない問題に直面すると、多くの人が「**誰かに聞いた方が手っ取り早い**」と思いがちですが、仕事を短くやるためには、自分で深く考える習慣を身につけた方が、結果的には近道となります。

すぐに人に聞けば、その問題だけは確かに短くやれるかもしれませんが、仕事で遭遇する問題は正解がわからないことばかりですから、何かあるたびに人を頼りにしていたのでは、**短くやるための「自活力」が身につきません。**

まずは自力でトライしないと、いつまで経っても自分で考えられるようにならず、永遠に時間的コスパが悪いままです。

自分の知恵だけで問題を解決できる方が、圧倒的に時短化できます。

最近では、「賢く他力を使う」という発想が注目を集めていますが、**それは自分で考**

え抜いた後の話です。

安易に人に頼るのではなく、自分で何度も考えてみて、どうしてもダメならば人に聞く……くらいのバランス感覚を持つことが必要です。

自分で考えていたのでは、「逆に時間がかかるだろう」と思うかもしれませんが、答えがわからないタスクなど山ほどありますから、長期的な視点で見れば、決して遠回りではないのです。

「すぐ教える」と部下は成長しなくなる

この「安易に人に頼る」ことの問題点は、上司やチームリーダーなど、部下をマネジメントする立場にある人もきちんと理解しておく必要があります。

仕事の効率を上げるために、**「こうやったらいい」とか、「あれをやってはダメ」とすぐにアドバイスをしていたのでは、自分の頭で考えなくなりますから、部下の成長ス**

ピードにブレーキをかけることになります。

それが、マイクロマネジメント（上司やリーダーが部下の行動を細かく管理・チェックする過干渉ぎみのマネジメント）の出発点でもあるのです。

安易にアドバイスしてしまうと、部下は本質的な問題に気づかないまま解答を与えられることになるので、応用力が身につかず、たくさんの仕事を同時並行で継続的に短くやる能力を手に入れることができません。

マネジメントする側から考えれば、自分で考えるように仕向けていくことが、効率よく仕事を進めていくためには大事なポイントです。

短くやるコツ

自分の頭で考える力をつけることが、仕事のスピードを上げる近道！

22

会議中でもわからないことはスマホで調べる

こんな人は要チェック!

- ◇後回しが多い人
- ◇横文字言葉が苦手な人

会議中にスマホを見るのは失礼なのでは…？

これは、先の「わからないことは人に聞くより自分で考える」に通じることですが、自分が知らないことや、わからないことがあったら、そのままスルーするのではなく、すぐに調べる習慣を持つことが時短につながります。

現代はスマホが手元にある時代ですから、**仮に会議中であっても、辞書を調べるくらいの感覚できちんと検索する**ことです。

自分が知らない「専門用語」や意味のわからない「横文字言葉」を放置すると、思考がフリーズして、その後の話が頭に入って来なくなります。

「会議が終わってから、後で調べればいい」と思うかもしれませんが、思考が停止したままでは、会議の時間が無駄になります。

「会議中に失礼なのでは」と感じるならば、「**お話をきちんと理解したいので、恐縮ですが、今の言葉を調べさせてください**」とひと言添えることです。

人に気兼ねして会議を無意味なものにするよりも、その場できっちりと理解しておけば、後になって会議の内容を復習するような余計な時間を省くことができます。知らないことを放置せず、**そのとき、その場所で調べて解決しておく姿勢を持つことが時間の節約に役立つ**のです。

知ったかぶりをしてスルーしない

取引先の担当者などと1対1で話している場合でも、事情は同じです。それまで真剣に話をしていた人が、「**すいません。ちょっと確認させてください**」とスマホを取り出して、「なるほど、こういうことなんですね。理解が深まりました」と言っても、それだけで相手が不快な思いをすることはありません。

どうしても気が引けるようならば、相手に電話がかかってきたり、トイレで中座するなど、何らかの隙間を利用して知らないワードや事柄を検索する手もあります。

こちらがきちんと話を理解できれば、効率的に面談が進みますから、相手の貴重な時間を無駄にすることも抑えられます。

無遠慮に、「今の言葉はどういう意味ですか?」と聞いたり、知ったかぶりをしてスルーするのではなく、**その場ですぐに検索することは、時短だけが目的ではなく、相手と誠実に向き合うため**でもあります。

私は日本でも、「会議中に知らないことは堂々と調べていい」という文化が根付いてくれることを願っています。

短くやるコツ

「後で調べよう」ではなく「今すぐ調べよう」を習慣づける!

23

上司の「朝令暮改」を非難するのは時間の無駄

こんな人は要チェック！

◇優柔不断な上司に悩んでいる人
◇方向転換に振り回されがちな人

「考えがブレている」のか、「姿勢がフレキシブル」なのか

会社のトップや直属の上司が方針を転換すると、「考えがブレている」とか、「軸が定まっていない」、「気まぐれ」と否定的に受け取って非難する人がいます。

非難するだけでなく、**それに引きずられて仕事が進まなかったり、やる気をなくす人もいます**が、もう少し冷静にならなければ、仕事は前に進まないと思います。

変化の激しい現代のビジネスでは、「東へ行け」と指示を出していた会社のトップや上司が、**いきなり「やっぱり西へ行け」と方針を変更するからには、それなりの理由があるはず**……と考える必要があります。

新たな情報を入手して、東に向かうと崖に落ちることが判明したのかもしれません。

西に向かえば、新たなお宝を入手できることがわかったのかもしれません。

日本では、社長や上司の「朝令暮改」を優柔不断と受け取りがちですが、それを「柔

軟性がある」とか、「フレキシブルな姿勢」と見ることができれば、**新たな方向性の仕事に素早く向き合うことができます**から、仕事を短くやることにつながります。

今の時代、「初志貫徹」は褒められることでない

現代のビジネスでは、自分の経験値や固定観念にとらわれず、状況の変化に応じて、素早く対応を変化させていくことが大切です。

それはトップや上司だけでなく、最前線で働く人たちにとっても同じです。

ある大手のグローバル企業では、採用面接の際に、**「先入観に縛られることなく、曖昧さを受け入れるかどうか**」を合否のマスト要件にしています。

液体や気体のように、置かれた状況に応じて臨機応変に対応できるような柔軟性を身につけることが、現代の仕事には必要なのです。

日本には「初志貫徹」を尊重する風土が根付いていますが、これからのビジネスに求

められているのは、何があっても信念を曲げない意志の強さではなく、**状況の変化を冷静に見極め、それに迅速に反応していく柔軟な姿勢**です。

自分の会社を意味もなく振り回したいトップはいませんから、トップや上司の「朝令暮改」に動揺していても、時間が無駄になるだけです。

「説明が足りない」と怒っていても、トップが最終ラインの末端にまで説明することはありえないので、自分が主体と勘違いしていることに気づく必要があります。

トップや上司の朝令暮改を肯定的に受け止め、柔軟に対応することができれば、無駄にストレスを抱え込むことなく、仕事と向き合うことができます。

こうした発想の転換も、仕事を「短くやる」ためには欠かせない要素です。

短くやるコツ

先入観に縛られることなく曖昧さを受け入れることが大切!

第3章

相手の感情を動かせば仕事は一気に解決する!

短時間で仕事が終わるコミュニケーション術

仕事をスムーズに進めて、確実に成果を出すためには、自分の都合だけで勝手に判断しても上手くいきません。

相手の置かれている状況に関心を持ち、心や身体のコンディションを観察して、それに見合った行動を取ることが大切です。

人間には感情がありますから、**相手に余裕があるときを狙って話すのと、余裕がないときに話すのでは、上手くいく確率が異なります。**

それは家族のちょっとした会話でも同じことです。

例えば、あなたが在宅ワークで時間に追われているときに、お子さんが「遊園地に連れてって」と言ってきたら、どうしますか?

素直に頭を切り替えられる方がいれば、私は無条件に尊敬します。

私ならば、「**ちょっと待ってくれ。その話は後で考えるから**」と返してしまいます。

とても忙しいときに、緊急性がなかったり、優先度が低い話をされても、すぐに頭のスイッチを切り替えることはできません。

「遊園地に連れてって」という話を休日のリラックスタイムにされていれば、すぐにスケジュールを確認して、「今度の日曜日に行こうね！」と答える余裕がありますが、時間に追われている状況であれば、その話は後回しになります。

ビジネスシーンでは、意外とこうした〝ズレ〟が頻繁に繰り返されています。

自分にペースがあるのと同じく、人にもペースがありますから、相手に配慮したコミュニケーションを心がけることが、自分のペースの最適化につながります。

自分本位で物事を進めるのではなく、相手の状態をよく観察して、**コミュニケーションミスを少なくする**ことが、仕事を「短くやる」ことに直結するのです。

「人生は喜ばせ合戦」と考える

どんな仕事でも、ＴＰＯを見極めて、的確なタイミングで交渉をすることで、成功率を上げることができます。

そのためには、日ごろから相手の置かれている状況やコンディションに目を向けて、信頼関係を築いておくことが大切です。

人と信頼関係を作るためには、長い時間と大変な労力が必要ですが、その努力を惜しまないことが、結果的には仕事を短くやることにつながります。

相手の状況に目を向けるのは、顔色を伺って迎合するためではありません。

「どうすれば、相手を困らせないか？」とか、「どうすれば、相手が気持ちよく考えることができるか？」を知ることが目的です。

相手に対する細やかな配慮を積み重ねていくことが、信頼関係に結びつきます。

私は人付き合いや仕事で大事なのは、相手の置かれた状況や心境に配慮できるような優しさとか、思いやりの気持ちを持つことだと思っています。

もっと言えば、「**人生は喜ばせ合戦**」だと考えています。

打算や計算で相手を動かそうとするのではなく、相手が気持ちよく動けるような配慮を心がければ、相手もハッピーになり、結果的に自分もハッピーになるというイメージです。

先に紹介した遊園地の例は、自分の愛する子供だから許されることであって、大人同士が相対する職場では、意識的に回避する必要があります。

相手が寝不足などでコンディションが悪いときに話をして、その反応の悪さに腹を立てていたのではネガティブの連鎖を招く危険性があります。

自分の都合だけで「お構いなし」に行動していたのでは、上司や周囲の人たちと信頼関係が結べないだけでなく、仕事に支障が出てしまいます。

人と人とのコミュニケーションは、いくら小手先のテクニックを覚えても、十分に機能することはありません。

その根底に、**相手に対する気遣いがあってこそ、物事がスムーズに進み、仕事を短くやることができる**のです。

24

プレゼンが上手い人は大事なことを「最後」に話す

こんな人は要チェック!

◇営業トークに不安がある人

◇プレゼンが苦手な人

「ピーク・エンドの法則」を使うと仕事が速くなる

会議やミーティング、プレゼンやコンペなど、仕事のあらゆる場面で「話す」ことや「説明する」ことが重要な役割を果たしています。

聞き手の感情を動かして、確実に成果を出すためには、2つのポイントを知っておくと成功率が高まります。

ひとつは、**相手に最も伝えたい部分を集中的に詳しく話す**ように意識すること。

もうひとつは、**話の最後に改めてメリットを強調して締めくくる**ことです。

これは2002年にノーベル経済学賞を受賞した行動経済学者ダニエル・カーネマン氏が提唱した「ピーク・エンドの法則」と呼ばれるもので、私もプレゼンやコンペの際には意識して活用しています。

ピーク・エンドの法則とは、「**人はある出来事に対して、最も感情が高まったとき（ピーク）の印象と、最後の印象（エンド）だけで、全体的な印象を判断している**」というものです。

逆の見方をすれば、ピークでもエンドでもない部分は、どんな内容の話をしても、ほとんど印象に残らないということになります。

人に何かを伝える場合には、**最も大事なメインテーマを浮き彫りにして、最後にそのメリットを強調する**ことが重要です。

それ以外の話にいくら時間をかけて準備をしても、その大半が相手の印象には残りませんから、準備の時間を節約するためにも、メリハリの利いた考え方をすることが大切です。

順番が後になるほど印象に残りやすい

これは話の内容だけでなく、複数の会社が競合するコンペの場合にも、同じことがいえます。

競合する会社が3社くらいの場合はあまり影響がありませんが、**5社以上のコンペ**

になると、順番が後になるほど印象に残りやすくなるため、条件が同じレベルであれば、確実に有利になります。

テレビでモノマネ番組やお笑いグランプリを見ているときにも、同じことが起こっています。放送の序盤戦に登場したモノマネ芸人の歌は、いくら本人とソックリだとしても、番組の後半になると印象が薄くなっています。

番組の最後に同じレベルでソックリな芸人が登場すれば、ほとんどの人が「これで優勝は決まりだな」という印象を持ってしまうのです。

コンペの際に、もし時間帯を選べるようであれば、**最後を狙えば有利**です。

選べない場合は、何社の競合で、自分の順番は何番目か、後ろに回る企業はどこかなど、ダメ元で聞いておけば、得られた情報に合わせて対策を講じることもできます。

短くやるコツ

話の最後にデメリットを伝えることは絶対に避けるべき!

25

提案は晴れた金曜日の午前11時を狙う

こんな人は要チェック!

◇提案がなかなか通らない人
◇絶対に失敗したくない人

最もリラックスした時間帯を狙う！

これは私の経験則ですが、クライアント企業に新しい企画を提案したり、上司に企画書などを提出する際は、**「天気のいい金曜日の午前11時」を選ぶと、その企画が通る確率が高くなります。**

このノウハウはアクセンチュアで働いていたときから繰り返し実験を重ねて、現在もフル活用しています。科学的な実証データはありませんが、ピンポイントでこの時間を狙うと、企画が通りやすいことを感覚的に実感しています。

気づいたきっかけは、月曜日から金曜日まで仕事をすると仮定して、自分が提案を持ち込まれる立場だったら、**どのタイミングであれば、最もリラックスした状態で提案を受けられるか**……を考えてみたことです。

月曜日の朝イチは、1週間が始まったばかりですから、時間的にも気持ち的にも、ゆとりがありません。

その後、月曜日の午前中から木曜日までは激務が続くため、新たな提案を受け入れるような余裕はなく、金曜日の午後は1週間の仕事を追い込んだり、翌週の準備をする必要があるため、できれば避けてもらいたい時間帯です。

こうして消去法で絞り込んでいくと、唯一、余裕がありそうに思えたのが金曜日の午前中でした。

午前11時であれば、**ランチタイムが後ろに控えているため、何か相談事を持ち込まれても、終了の時間をお互いが共有しています。**

自分の感情の動きと相談してみた結果、「金曜日の午前11時」が最もリラックスしているタイミングだと気づいたのです。

午前11時直前の相手の予定を確認しておく

さらに条件を絞り込んでいくと、「雨が降っているよりも、晴天の方が気分がいいな」とか、「寒い日よりも、暖かい方が気持ちがいいな」と考えるようになり、「天気のいい金曜日の午前11時」が最有力候補になりました。

現在でも、何か新しい企画を提案する際には、できる限り「晴れた金曜日の午前11時」を希望して、面談のスケジュールを決めています。

それと同時に、**金曜日の午前11時直前の相手の予定も、できる限り事前に確認する**ようにしています。

こちらの面談の前に難しい案件の会議や商談が入っていなければ、相手はリラックスした状態で向き合ってくれますから、それだけ成功の確率が高まるのです。

人間の感情というのは意外に非合理的ですから、相手に気持ちよく仕事をしてもらうためには、自分の感情と照らし合わせて考えてみて、「こんな状態のときは嫌だろうな」と思えることの「裏返し」を検討してみることが大事なポイントです。

短くやるコツ

上司に悩みを相談したり、悪い報告をする場合も、金曜日の午前11時がおすすめ!

26

上司に話を持ちかけるタイミングはコーヒーを飲んだ後

こんな人は要チェック!

◇マメに「報・連・相」をする人
◇上司が多忙すぎる人

上司の承認を素早く得るための「声かけ術」

私がトヨタで働いていた頃は、どんな小さな設計変更や図面変更でも、必ず上司の承認を得ることが社内ルールになっていました。

些細な変更は頻繁にありますから、その度に上司に承認をもらう必要がありますが、肝心の上司も忙しく仕事をしているため、部下に担当させている仕事の細々とした説明を聞いていたのでは、自分の仕事が進まなくなるような状況でした。

それでも、**上司の承認を得られなければ、私の仕事がストップしてしまいます。**

あなたが同じような状況にあったら、どのように動きますか？

私が最初にやったのは、自分の目の前の仕事を進めながら、**その合間に上司の状況をそれとなく観察する**ことでした。

どこかに、上司の仕事の流れを遮ることなく、私のための時間を作り出すスキマがあるのではないか……と考え、そのタイミングを見計らっていたのです。

上司がコーヒーを注ぎに行って、自席に戻る様子を眺めていたら、「**ここしかないな**」と思えるような絶好のチャンスを発見することができました。

「ホッとひと息」つくようなタイミングを探し出す

コーヒーブレイクは、気分転換のための貴重なリラックスタイムですから、注いできたコーヒーに口をつける前に話を持ちかけたのでは、「おいおい、ちょっと待ってくれよ」という気分になって、上司のリフレッシュの妨げになります。

だからといって、コーヒーを飲み終えるまで待っていたのでは、こちらの仕事が遅くなってしまいます。

私が考えたのは、**上司がコーヒーを2〜3口くらい飲んで、ホッとひと息ついたタイミング**です。

上司のリフレッシュをジャマすることなく、気持ちよくこちらの説明に耳を傾けてもらうには、絶好のチャンスと考えたのです。

上司に限らず、自分のために時間を作ってもらうためには、相手に負担をかけないように、できる限りの配慮に努めることをおすすめします。

きちんと相手に配慮するためには、普段から**相手の状況を観察しておき、タイミングを見計らうこと**です。

上司やチームのメンバーとは小まめにコミュニケーションを図る必要がありますが、相手の都合を考えず、自分のタイミングだけで話しかけていたのでは、仕事がスムーズに回らなくなってしまうのです。

短くやるコツ

相手が「疲れているとき」と「イライラしているとき」は近づかないのが無難!

27

失礼な人に会ったときは相手に「しまった！」と思わせる対応をとる

こんな人は要チェック！

◇押しが強いタイプに弱い人
◇マウントを取られやすい人

「アンガーマネジメント」では何も変わらない

仕事をしていると、**失礼な相手に遭遇する**ことがあります。

「あまりにも理不尽すぎないか?」

「さすがにその言い方はないよな」

相手の傍若無人な言動に直面して、思わずムカッとするような経験は、誰にでもあると思います。

ビジネスの世界には、「**怒りを感じても、すぐに態度に出さず、6秒カウントして我慢してみる**」といった数多くのアンガーマネジメント(怒りの管理方法)がありますが、**私はこうした処世術を疑いの目で見ています。**

こうした対応は、相手に譲歩しているだけですから、ストレスが溜まります。

大人の対応でその場を乗り切ったとしても、失礼な相手というのは威圧的な態度で繰り返しマウントを取ろうとしますから、**こちらがいくら譲歩を続けても、相手の態**

度が変わることはないからです。

だからといって、真正面から対決を挑んだのでは、大人げないだけでなく、仕事が進まなくなってしまいます。

そんなときは、まともに相手にするのではなく、「**無視する」くらいの態度がいい**と思います。

相手の反省を促すきっかけになる行動とは？

私がトヨタで働いていたときのことですが、尊大で理不尽な相手に振り回されて、仕事が滞ってしまったことがあります。

それを見かねた上司は、こんなアドバイスをしてくれました。

「そういう相手に当たったら、**まずは30分くらい怒りを寝かせてみる**ことだな。30分くらい考えてみて、『それでもこのままやるしかない』と思うのならば、これまで通りの対応をすればいい。もし、『こんなの相手にすることはないな』と少しでも思うようなら、今後は一切相手にしないで、無視すればいいよ」

上司が私に伝えたかったことは、「**そんなヤツに時間を取られてないで、どんどん仕事を進めろ**」ということだと思い、私は必要最小限の対応だけで、相手の失礼な言動はすべて無視することにしたのです。

その結果、相手の無礼な態度は潮を引くように消えていきました。

こちらが譲歩や反撃をするのではなく、相手を無視したことによって、「**ちょっとやりすぎたかな**」と自分の言動を反省するきっかけになったようです。

理不尽な相手には無視を決め込めば、無駄に仕事が停滞する事態は避けられます。

短くやるコツ

身勝手な相手には、反撃を恐れずに、完全無視を貫くことも大切!

28

人を「動かす」ではなく「動いてもらう」と考えるとスムーズにいく

こんな人は要チェック!

◇部下のマネジメントに悩んでいる人

◇結果が出せていない管理職の人

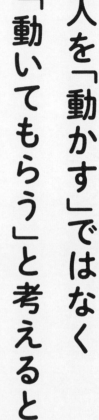

自然と協力したくなる人の共通点とは？

現代のビジネスはチーム戦ですから、どうしても「人を上手く使う」とか、「人を上手に動かす」という発想になりがちですが、**ひとりの人間を「将棋の駒」のように扱うマネジメントでは、誰もついて来ないだけでなく、仕事の成果が上がることも期待できません。**

「自分の背中を見せる」というと、古臭い思考パターンと思うかもしれませんが、何かと真剣に向き合っている人に対しては、自然と人が協力したくなるものだと考えています。

自分が経営者になって、改めて実感していることですが、人は「動かす」ものではなく、**人には「動いてもらう」という意識を持つことが大事**です。

こちらが自分の都合だけで勝手に人を動かそうとしても、なかなか動いてくれるものではありません。

これまでに数多くの会社経営者や管理職の立場にある人たちを見てきましたが、蘊《うん》蓄《ちく》を語るだけだったり、一方的に命令を下すタイプのリーダーには、意外と人はついてこないものです。

人に希望を持たせるための希望を作り出す

私自身、自分の会社のどの社員よりも会社のことを考えるだけでなく、経営コンサルの一プレーヤーとして、誰よりも結果を出すことを意識して毎日の仕事と向き合っています。

私は自分のことを「凡人」だと思っていますから、**「山本社長にできるのだったら、俺にも私にもできるんじゃないか？」**と社員が考えてくれるような空気感を作り出せれば、それが彼らの背中を押してくれると考えているのです。

私が常に意識しているのは、**社員に希望を持たせるための希望を作り出す**ことです。

自分がチャレンジしなければ、人に「チャレンジしろよ」と言っても、「あなたはチャレンジしてないよね」と突っ込まれて終わるだけです。

短くやるコツ

一方的に命令を下すリーダーはチームの仕事を遅くする！

29

人に動いてほしければ自分が先に動く

こんな人は要チェック！

◇人の動かし方が下手な人
◇頼み事ができない人

頼まれたことを早くやるクセをつける

仕事で困ったときに助けてもらうと、相手が困っているときには、何とかして助けてあげたいと思うものです。これは義理や人情の話ではなく、心理学で「**返報性の法則**」と呼ばれる人間本来の性質によるものです。

返報性の法則とは、相手に何かしてもらったら、こちらも同じようにお返しをしないと気が済まなくなる……という人間の心理的な効果を指します。

この法則を理解しておくと、仕事を短くやることに役立ちます。

人に対して、「早く動いてほしい」と思うならば、**その人に頼まれたことを早くやるように心がけておけばいい**のです。いつも早くやってもらっているから、こちらも早くやらなければ申し訳ない……という心理が相手に働きます。

相手が自分のチカラになってくれる人であれば、**常にこちらが先に動いて、相手の感情を温めておくことが大切**です。

相手よりも先に動くということを、必要以上に難しく考える必要はありません。毎日の生活の中で、誰もが経験していることを普通に実践するだけのことです。

例えば、あなたのところに熱心に通ってくる保険のセールスマンがいたとします。最初は契約するつもりがなくても、何度も懇切丁寧な説明を受けているうちに、「ここまで親身になって自分のことを考えてくれているのだから、保険に入ろうかな」という気持ちになったことはないでしょうか？

この感情の動きも、返報性の法則によるものです。

自分のために何かしてもらったら、お礼をしたくなる気持ちが人間にはあります。

相手のためを思って行動していれば、結果として自分のためにもなるのです。

すべての行動はブーメランのように自分に戻ってくる

ここで注目しておく必要があるのは、返報性の法則には、プラス面だけでなく、マイナスに作用することもあるという点です。
返報性の法則は、次のような3種類にまとめることができます。

①好意の返報性：こちらが好意を見せれば、相手も好意を示してくれる
②譲歩の返報性：こちらが譲歩すれば、相手も譲歩してくれる
③敵意の返報性：こちらが敵意を見せれば、相手も敵意を示す

こちらが相手のために動けば、相手も自分のために動いてくれます。
相手を陥《おとしい》れようとすると、同じような報復が返ってきます。
すべての行動はブーメランのように自分に戻ってくると考えることが大切です。

短くやるコツ

自分のメリットのために動いても、人は自分のためには動いてくれない！

30

仕事相手と相性が悪ければ「間」に人を入れる

こんな人は要チェック!

◇人間関係に悩んでいる人
◇人の好き嫌いが激しい人

「第三者」を挟めば、意思の疎通が円滑になる

誰かと一緒に仕事をすると、**「この人とは、ちょっと相性が悪いかな」**と感じたことはありませんか?

仕事の進め方や取り組む姿勢、価値観、考え方、コミュニケーションの取り方など、仕事相手に対して違和感を覚えるケースは意外に多いように思います。

企業風土や経験値だけでなく、世代や性格、立場が違えば、仕事との向き合い方も自然と違ってきます。

相性が合わないことは、**一時的な感情の問題ではなく、どこまで行っても交じり合うことのないファクトベースの話**です。

相性の悪い相手とは、どうやってもその関係性は変わりませんから、「何となく、やりにくい相手だな」と感じているならば、**無理に我慢してモチベーションの低下を招く前に、何らかの対策を立てる**ことが重要です。

最もスピーディーな解決策は、相手の会社か自分の上司に担当替えを願い出て、一緒に仕事をしないことですが、それができない状況であるならば、相性の合わない**相手との間に「第三者」を挟む**ことを考える必要があります。

無理に相手に合わせても仕事が長引くだけ

あなたがAで、相手をBとしたら、AとBの両方と仕事をしやすいCを間に入れることによって、全体のコミュニケーションがスムーズに進みます。

AがBに意見や考えを伝えるときは、A↓C↓Bとなり、逆の場合はB↓C↓Aというルートをたどります。

一見すると、伝言ゲームのような面倒臭さを感じるかもしれませんが、**言語が異なる外国人と話をする際の「通訳」のような役割**と考えればいいのです。

相性の悪い人と意思の疎通を図ることは、ある意味では異文化コミュニケーションと同じですから、割り切って通訳に入ってもらうと円滑に進みます。

日本人には我慢強い人が多いため、**多少のことには目をつぶって耐えることが美徳とされています**が、合わない人と無理に仕事をしても、仕事が長引くだけでなく、望んでいるような成果には結びつきません。

信頼のおける同僚や後輩にアシスタント役を頼んで、それとなく間に入ってもらえば、仕事が円滑になるだけでなく、意外に相手にバレることもありません。

私もこれまでに何度も実践していますが、相手に対して失礼な態度を取らず、常に自然体で接していれば、そんなことに目を向ける人はいないものです。

短くやるコツ

相性の悪い相手とは、「直接」仕事をしないことがスピードアップのコツ！

31

相手が「本音」を話し始める魔法の言葉

こんな人は要チェック!

◇商談で結果が出ない人
◇雑談が苦手な人

雑談しながら相手の本音を早く引き出す

会議室などでお互いに構えた雰囲気で話をしても、なかなか相手の本音を聞き出すことはできません。

私は、「**少し雑談してもいいですか?**」とか、「**ちょっと雑談させてください**」と伝えて、場所を選ばず、カジュアルな雰囲気の中で自然に合意形成ができるように、雑談をしながら仕事をする……ことを日ごろから意識しています。

仮に合意形成までいかなくても、相手の考え方を知るだけでも十分な情報になりますから、私の会社の社員にも、「**雑談をする暇があるなら、雑談で仕事をするといいよ**」と、まるでトンチ問答のようなことを推奨しています。

仕事が速い人や仕事で成果を出している人を見ていると、雑談を上手に活用していることが多いようです。

雑談には、相手の緊張感や警戒心を緩めて、**お互いのガードを下げる効果**がありますから、心理的な距離が縮まるだけでなく、本音や本心を伝えやすい雰囲気を作り出すことができます。

それが仕事を短くやることや成果につながるのだと思います。

「そういえば」と区切りをつけて本題に移る

私が雑談をする際は、「**そういえば**」というフレーズを挟んで、**第1部と第2部の2部構成で話をする**ことを意識しています。

第1部は、本題に入る前のフリというか、完全な雑談です。

野球やゴルフ、サッカーなど、何か共通の話題で雰囲気作りをしてから、「**そういえば**」**と区切りをつけて、第2部に入ります。**

「そういえば、この間のあの件なんですけど、あれってこういう風に考えているんですけど、どうですかね?」

この問いかけが、どうでもいいことを聞いているようで、実は相手から最も聞き出したい話なのですが、改まって聞くよりも、「**ついで感**」**を出しながらの方が、相手も本当のことを言いやすくなります。**

「ああ、なるほど。そういうことなんですね」

こちらの反応が雑談風の軽いものであれば、相手も安心して、さらに説明を付け加えやすくなります。

「雑談」と「本題」を無理して切り離して考える必要はなく、**できるだけ雑談で仕事を終えるようにすれば、仕事をスムーズに進めることができます。**

ありがちなパターンとして、「ちょっといいですか?」と言って本題に入る人も多いようですが、それではあまり効果がなく、もったいない雑談になってしまいます。

ちなみにここで紹介した雑談の2部構成は、リアルのコミュニケーションで使うことを前提としています。
今はチャットでのやりとりも多いと思いますが、その場合は2部構成のうちの第1部を入れづらい面があるのでご注意ください。

短くやるコツ

雑談の「ついで」に本題を話すぐらいがちょうどいい

第 4 章

仕事の「時間」と「量」が半減する!
上手に「他力」を活かす方法

「ひとりで頑張る」人は仕事が遅い人

仕事が短くできない原因のひとつは、自分のチカラで何とかしようと、**すべての仕事を抱え込んでしまう**ことにあります。

日本人は責任感が強く、完璧主義の人も多いため、自分ひとりで頑張ろうとする傾向がありますが、そこに固執すると、仕事が短くできないだけでなく、自分の限界を超えるような大きな成果を手に入れることはできません。

仕事を自分ひとりで片付けたいと考える人には、次のような4つの共通した姿勢が見受けられます。

①自分ひとりで「できる」と考えている
②自分だけで「やらなければいけない」と思い込んでいる
③他の人に頼むのは、自分の「能力不足を認めること」と決めつけている
④他の人に頼むと、相手に「迷惑がかかる」と不安になっている

現代のビジネスはチームが一丸となって成果を出すスタイルが主流ですから、「自分ひとりでできる」と思い込んでいる人に対して、周囲の視線は意外に冷ややかです。

- **自分の能力を過信している**
- **周りの人を信用していない**
- **自分だけで成果を上げたいと思っている**

私が上司の立場であれば、「周囲の協力を得られていないのではないか？」とか、「周囲を巻き込めていないのではないか？」と考えてしまいます。

自分ひとりで何とかするという考え方は、現代のビジネスでは、「責任感の強さ」と肯定的に受け取られることはなく、「**自己満足のための暴走**」というネガティブな印象を周囲に与えてしまうのです。

「自分でやる仕事」と「人にお願いする仕事」を見極める

自分ひとりで仕事を抱え込むと、目の前のタスクだけに時間と労力を集中させることになって、**他の仕事まで手が回らなくなります。**

気がついたときには自分の許容範囲を超えるタスクが山積みになるなど、「負のスパイラル」に陥るケースが少なくありません。

負のスパイラルとは、次のような最悪のサイクルを指します。

①キャパオーバーで仕事が回らなくなる

↓

②仕事が粗くなって、ミスが発生しやすくなる

↓

③ミスの処理に時間をとられる

↓

④他の仕事をする時間がなくなる

↓

⑤すべての仕事が遅くなる

こうした事態を避けるためには、一度立ち止まって、自分の仕事のスキルを客観的に見つめ直してみることが大切です。

・現在の自分の能力はどのレベルなのか?
・得意分野はどこなのか?
・何が不得意分野なのか?

自分の能力を過信せず、意味のないプライドだけで行動をしていないか、冷静な目で自分自身を客観視してみるのです。

その見極めができれば、「誰にどのような協力を仰げばいいのか?」という道筋が明らかになります。

それが仕事を「短くやる」ことに直結するのです。

32

誰に協力してもらえば仕事が早く進むか知っておく

こんな人は要チェック！

◇不得意な分野が多い人
◇責任感が強すぎる人

目の前のタスクに最も精通する人に意見を聞く

誰かに協力を頼むためには、日ごろから、周囲の人たちをしっかりと観察しておいて、**「誰がその案件に精通しているのか?」**を知っておく必要があります。

これは情報収集にも共通することですが、「誰がその道のプロか?」を事前に知っていれば、精度の高いサポートが得られます。

仮に相手が多忙な場合でも、参考になる質の高い情報が得られたり、誰か他の人を紹介してもらうことにもなります。

その基準は、自分の日ごろの行動によって、自然と範囲が決まってきます。

①職場やチームで誰がその案件に精通しているか?
②会社内で誰が最もその案件に詳しいか?
③同じ業界内で考えると誰がプロと呼べるのか?

同じ業界内のトップクラスの人であれば、精度の高い有力なアドバイスをもらうことも可能でしょうが、そのためには自分自身も何かしらのプロとして認められていなければ、質の高い情報の入手は難しくなります。

自分のチームでも会社内でもいいから、**目の前のタスクに最も精通していると思われる人の意見を参考にする**ことが、仕事のスピードアップにつながります。

「この人はデキる！」と思える人との「縁」を大事にする

日ごろの行動で大切なのは、「この人はプロだな」と思える人と出会ったら、**その「ご縁」を大切にしていく**ことです。

ひとつの仕事が終わると、次の仕事にばかり目が向いてしまい、**大事な相手とすぐに疎遠になってしまう**人がいますが、それを繰り返していたのでは、いつまで経っても自分の殻を打ち破ることはできません。

打算とか損得勘定ではなく、「相手がピンチのときには、できる限りのサポートをしてあげたい」と思えるような人たちとの関係を大事にしていくことが、困ったときのネットワークになります。

もうひとつは、**どんな仕事でも粛々と真剣に取り組むこと**です。

上司や部下に限らず、周囲の人たちは意外と周囲の働き方を見ているものですから、全力で仕事をしている人が困った様子であれば、**必ず誰かが助け舟を出してくれる**ものです。

短くやるコツ

困ったときに協力してもらえるネットワークを準備しておこう!

33

「できない」のに「できる」と言わない

こんな人は要チェック!

◇仕事が遅れがちな人
◇自尊心が強くプライドが高い人

上司に不安を伝えることは「恥」ではない

今までやったことがないタスクや、不得意な分野の仕事を上司から振られることは日常的によくあるケースです。

あなたなら、そんなときにどう対処していますか？

顔色ひとつ変えずに、「はい、承知しました」と快諾して、そのすぐ後から、「**これは困ったな。どうすればいいいんだろう……**」と頭を抱えてしまう人も多いのではないでしょうか。

自分が不案内なタスクに遭遇した場合は、意味のない虚勢を張っても仕事が進まなくなるだけです。

無駄なプライドは捨てて、**最初の段階でアラームを鳴らしておくことが重要**です。

「この仕事は経験がないので、正直、不安があります」

「あまり詳しい分野ではありませんから、もう少し時間が必要かもしれません」

上司に対して、不安を伝えることは決して「恥」ではありません。

仕事が上手く進まなかったり、十分な成果を出せないことの方が、その何十倍も恥ずかしいことなのです。

「問題がある」のに「問題がない」ふりをしない

自分が難しいと感じるタスクほど、早めにフィードバックしておくことで、仕事を短くやることができます。

あなたが不安を口にすることで、それを聞いた上司が何らかの対策を考え始めるからです。

「どのあたりが不安なの？」

「ここの部分が問題になりそうだな」

こうした対話があれば、誰かをサポートに付けてくれたり、場合によっては、「**そ**

ういうことであれば、こっちの部隊を使ってもいいよ」というオプションが生まれることもあります。

こちらからアラームを鳴らしておかないと、上司は何ごともなく仕事が進むと考えていますから、サポートが必要なことなど考えもしません。

求められているのは、早く仕事を進めて確実に成果を出すことですから、無駄なプライドに振り回されることなく、「どうすれば、この仕事を短くやれるのか？」を優先して考えることが大切です。

短くやるコツ

不安があるなら先に〝アラーム〟を鳴らしておこう！

34

仕事がデキる人は「報連相」を高速で回している

こんな人は要チェック!

◇上司に遠慮している人

◇仕事を抱え込みがちな人

上司に伝えることで、無駄な遅れを回避する

仕事のスピードをアップさせるためには、上司に対する「**マメな確認**」と「**マメなコミュニケーション**」に努めることが不可欠です。

タスクに取り組んでいて、少しでも不安や疑問があるならば、上司のタイミングを見計らって細かく伝えておくことで、無駄な仕事の遅れを回避することができます。

上司に対する「報告」、「連絡」、「相談」をビジネスの世界では「報・連・相」などといいますが、最近では、「**ホウレン草が来たら、オヒタシで返す**」というフレーズが定着しています。

「**怒らない**」、「**否定しない**」、「**助ける**」、「**指示する**」の頭文字を取った語呂合わせですが、「助ける」ことも上司の大事な役割のひとつです。

上司であれば、部下の持ち込んできた相談に対して、「そういうことなら、この人に相談してみるといいよ」とか、「あの人が得意な分野だから、頼ってみたらどうか」

など、社内やチームのリソースを誰よりも熟知しているはずです。
よほどの問題がなければ、一番最初に頼るべきなのは自分の直属の上司です。

何が「問題」で何が「不安」なのかを明確化する

大事なポイントは、**上司に対する「報・連・相」を、単なる業務上の儀式やルーティンに終わらせない**ことです。

「報・連・相」の本来の目的は、大きく分けて次の3つになります。

①仕事の円滑化と効率化
②トラブルやミスの回避
③問題の早期解決

どんなことを問題と考え、何が不安なのかを明確に伝えることを心がけていれば、上司が適切なサポートを考えてくれるはずです。

最もダメな行動パターンは、「**沈黙する**」、「**限界まで言わない**」、「**最後まで我慢してしまう**」の頭文字を並べた「**チンゲンサイ**」です。

語呂合わせついでに、打開策をお伝えしておくと、最も効果的なのは、「**コマツナ**」となります。

「困ったら」、「使える人に」、「投げる」というもので、仕事を短くやるためには、意外に役立つフレーズです。

短くやるコツ

どうせやるなら、形式的な「報連相」ではなく、実のある「ホウレンソウ」を！

35

アイデアが足りないときは「口2耳8」で情報収集してみる

こんな人は要チェック!

◇話すことが得意な人
◇思い込みが激しい人

自分では気づかないアイデアを取り込む

周囲のチカラを借りて、自分の能力を超えるアウトプットを出したいと思うならば、人の意見や考え方をしっかりと聞いて、自分ひとりでは気づかないようなアイデアを積極的に取り込んでいく必要があります。

「口2耳8」とは、私がトヨタに在籍していた時代にある役員がよく使っていた効果的なコミュニケーションのスタンスを示しています。

「口」とは自分が話すこと、「耳」とは相手の話を聞くことを意味しており、「自分が話すのは2割に抑えて、8割は相手の話を聞くことに集中する」ということです。

多くの人が参加する会議や打ち合わせでは、「口2耳8」の比率で**相手の話にしっかりと耳を傾けることで、新たな発見をする**可能性が高まります。

人と会話をするシーンでは、一方的に話してばかりいたのでは、相手の考えを十分に聞き出すことはできません。

逆に、相手の話を聞いてばかりいても、自分が知りたいと思うような情報を聞き出すことは難しくなります。

「口10耳0」や「口0耳10」では意味がなく、**「口5耳5」では、相手からより多くの情報を引き出すことはできません。**

「口2耳8」の絶妙なバランスが、参考になるような話を聞くための黄金比だと思います。

周囲の会話を観察して「質問力」を高める

相手から深い話を引き出すためには、**「質問力」を高めておく**ことも大事な要素です。

質問力とは、「本人に聞いてみなければわからないこと」や、「本人も気づいていなかった答え」を引き出すような問いかけをすることです。

意識して質問力を高めておくと、次のような3つのメリットがあります。

①疑問が解消される
②新しい情報が得られる
③思い込みが取り払われる

質問力を高めるためには、周囲の人たちの会話を注意深く観察することが必要です。「こんな質問をすると、相手はこんな反応を示すんだな」というケーススタディを積み重ねることで、自然と「**いい質問とは何か?**」が理解できるようになります。

それを繰り返し学ぶためにも、「口2耳8」が大いに役に立つのです。

短くやるコツ

自分ひとりでは気づかないアイデアを他人の頭から拝借する!

36

「苦手な仕事」を任されたときは二度と任されないように「得意な仕事」の腕を上げておく

こんな人は要チェック！

◇常に仕事が手一杯になる人
◇苦手な仕事が多い人

不得意な仕事は得意な人にやってもらう

自分が苦手な分野の仕事は、モチベーションが上がらず、進行が遅くなったり、期待されているほどの成果が上がらないことがあります。

仕事には制限時間がありますから、**不得意な分野はそれが得意な人にやってもらい、自分の得意な仕事に全精力を傾ける**……という状況にもっていくことが、仕事を短くやるためには重要です。

これは、決して身勝手で傲慢な考え方ではなく、経済学でいうところの「**比較優位**」の発想がベースにあります。

比較優位とは、イギリスの経済学者デヴィッド・リカード氏が唱えた概念で、「**自分が得意とする分野に特化・集中すれば、労働生産性が上がって、高い利益が得られる**」という合理的な考え方です。

不得意な仕事にいくら時間と労力を費やしても、生産性は上がりません。

現代のビジネスで求められているのは、すべての仕事を巧みにこなせる「オールラウンド・プレイヤー」ではなく、得意な専門分野を持つ「スペシャリスト」です。**不得意な分野に時間を取られるくらいなら、自分の得意な分野で圧倒的な結果を出す**……と割り切って考えることが、短い時間で成果を出すことにつながります。

「得意」な仕事と「好き」な仕事は違う

その大前提として、自分の能力やスキルがどのレベルにあり、得意分野はどこなのかを冷静かつ客観的に見極めておくことが重要です。

自分の好き嫌いだけで勝手に判断して、そのレベルが十人並み程度であれば、それは得意分野とはいえません。

周囲が納得するだけの成果が出せているものが得意分野であり、結果が出せていないならば、**単なる「自分の好きな分野」と考える**必要があります。

「食わず嫌い」ばかりしていたのでは、新しいスキルが身につくことはありませんから、まずは時間が許す範囲内で、できる限りの試行錯誤を繰り返し、揺るぎない専門分野を手に入れるための努力を惜しまないことが先決となります。

いろいろと自分なりの工夫をしてみて、どうしても「無理だな」と感じるならば、ためらうことなく誰かに依頼することを考える必要があります。

安易に人に頼んでいるばかりでは、自分のスキルがアップしないだけでなく、周囲の人から、**「何でも簡単に丸投げするヤツ」**の烙印を押されて、協力を仰げなくなってしまいます。

短くやるコツ

苦手を克服するよりも、得意を伸ばす方が生産性が上がる！

第5章

「先送り」がなくなる！ 脳のうまい使い方

仕事の先送りが多いのは、どんなとき？

仕事を短くやるためには、身体と心のコンディションを整えて、**脳をフル回転させられる環境を作る**ことが大切です。

寝不足で頭がボーッとしていたり、生活のリズムが極端に乱れていたのでは、脳が思うように働いてくれないため、冷静な判断ができません。

冷静な判断ができないと、やる気が起こらず、難しいタスクを後回しにするなど、仕事の先送りが多くなります。

仕事を先送りしていると、不安や焦りで憂鬱な気分になり、ますます仕事が遅くなる……という悪循環に陥ってしまうのです。

脳を効率よく働かせて効率よく仕事を進めるためには、**自分の行動を「損得勘定」や「コスパ」を基準にして、合理的に判断する**ことが大事です。

どんな仕事であっても、自分に与えられた仕事は「やらなければならない」ことに変わりはなく、**選択できるのは「先にやるか」、「後にやるか」だけ**です。

どちらを選んでも、それをやるためのエネルギーは同じですが、先にやってしまった方が圧倒的にメリットがあり、クオリティの高い仕事ができます。

例えば、1カ月後にプレゼンをすることになり、あなたはプレゼン資料の作成を任されたとします。

まだ1カ月もあると考えて、資料作りを後回しにするのと、すぐに取り掛かるのでは、どちらにメリットがあると思いますか？

私であれば、迷うことなく、直ちに資料の作成を始めます。

素早く始めれば、期限を気にすることなく、リラックスした状態で、脳をフル回転させて作業ができます。

お風呂に入りながら、「あれっ、こういう考え方もあるな」と気づいて新しいアイデアをプラスしたり、不明な点について誰かにアドバイスやチェックをしてもらうなど、**内容をバージョンアップさせるための時間的な余裕**が生まれます。

手早く資料を作り終えてしまえば、スッキリとした気分で、すぐに他の仕事に取り組むこともできるのです。

資料作りをギリギリまで先送りにすると、**「期限に間に合うだろうか」という不安や、「早く仕上げないとヤバイ」という焦りと戦いながら作業をする**ことになります。

内容を検討してバージョンアップさせたり、誰かに助言や確認をしてもらうような時間もありません。

何よりも、作業を始めるまで、常に頭の片隅にプレゼン資料のことが引っかかっていますから、**漠然としたプレッシャーを抱えながら他の仕事をやることになります。**

仕事を先送りするメリットは、一体どこにあるのでしょうか？

「やる気」ではなく「コスパ」の問題

仕事を早くスタートさせることのメリットは、**食事の後の「皿洗い」をイメージする**とわかりやすくなります。

どうせお皿を洗わなければいけないのならば、先送りして汚れがこびり付く前にサクッと済ませておけば、作業が簡単な上に手早く終わります。

いつまでも洗わないで放置すると、ガビガビになった手強い汚れとの格闘を強いられます。

これは「やる気」の問題ではなく、**「コスパ」の問題**と考える必要があります。**損得勘定で考えれば、「先にやった方が圧倒的にメリットがある」**と合理的に理解できるはずです。


多くの人は、仕事を先送りするデメリットを自覚していないようですが、やらなければならないタスクを先延ばしにしていると、効率が悪くなるだけでなく、無駄に**憂鬱な気分になって脳のパフォーマンスが低下してしまう**のです。

子供の頃の夏休みの宿題と同じで、**先に済ませてしまう方が、結局は後で「楽」ができます。**

「当たり前」の理屈を当たり前に理解しておくことが、仕事を短くやることに直結します。

37

イライラ、ソワソワ…「気持ち」が落ち着かないときは「体調」を整える

こんな人は要チェック!

◇やる気になるのが遅い人
◇感情にムラがある人

脳が「先送り」を指示したくなる状態とは？

仕事が遅くなる原因は、スキルや能力の問題だけでなく、**疲労の蓄積による「気力の低下」や「判断ミス」によっても起こります。**

気持ちがイライラしていたり、ソワソワとして落ち着かない状態では、つまらないミスを連発して、ますます仕事が遅くなります。

脳を活発に働かせて、たくさんのタスクを前に進めていくためには、**体調管理に気を配り、常に平常心を保てるようにコンディションを整えておく**必要があります。

平常心とは、普段通りの落ち着いた心の状態を指します。

「失敗したらどうしよう」と不安な気持ちになったり、周囲の人の言動に怒りを覚えたりすると、**私たちの感情は簡単に乱れてしまいます。**

自分に何かマイナスの働きかけがあったとしても、そのダメージを最小限に抑えられるような考え方ができたり、逆にポジティブな方向に持っていくことができれば、仕事のパフォーマンスは上がります。

そうした柔軟な思考をできる状態が、平常心なのだと思います。

経営者は相手の状態を「お腹」で判断する

これは私が経営者になって初めて気づいたことですが、商談などで企業のエグゼクティブの方々と面談をすると、**彼らは必ずこちらの「お腹」をチェック**してきます。

お腹がポッコリと出ているようでは、自己管理ができておらず、経営者として失格だな……とスクリーニング(ふるい分け)しているのです。


仕事ができる人ほど、コンディション管理を徹底しているようです。

経営判断というのは、経済合理性と信頼性の担保がすべてですから、そこに感情が入り込む余地はありませんが、人間のやることですから、**その日の体調によって感情が揺らぐことがあります。**

彼らは感情に振り回されず、ブレないメンタルを作るために、時間を見つけてはスポーツジムに通うなど、自分に合った方法で体調をコントロールしているのです。

サラリーマン時代には考えもしなかったことですが、私も毎日30分のランニングを日課にしています。

ランニングは自分の空き時間にできて、費用もかからない手軽な健康法です。

自分のコンディションの管理に目を向けることは、平常心を保つことに役立ち、仕事を短くやることにつながります。

短くやるコツ

体調が悪いとやる気も出ない。コンディション管理を第一に考えよう！

38

やる気が起きないときは脳に「余裕」を持たせる行動を！

こんな人は要チェック！

◇やる気が起こらない人
◇慢性的な疲労が蓄積している人

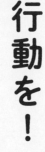

仕事を先送りしてしまうのは「寝不足」が原因

身体と心のコンディションを良好に保つためには、「睡眠不足」を軽く考えないことが大切です。

やる気が起こらないとか、何となくダラダラしてしまうのは、意外と睡眠不足が原因であることが少なくありません。

寝不足が続いていると、脳の働きが鈍るだけでなく、感情も不安定になっているため、怒りっぽくなったり、すべてのことが面倒臭くなったりします。

ちょっとした言葉選びを間違って、それがトラブルに発展することもありますから、平常心を保つためには、**「しっかりと寝る」**ことが一番です。

TBSに勤めていたときのことですが、ドラマ部と兼務していた頃は、1日2〜3時間しか寝られない日が続くこともありました。

常に頭がボーッとしていて、何を言われても、きちんとそれを咀嚼《そしゃく》できない状態のため、大きな判断ミスをしたこともあります。

なぜあのとき、あんな判断をしたのだろう……と振り返ってみると、睡眠不足が続きすぎて、**冷静な判断ができる脳の状態ではなかった**のだと思います。

無駄なく動くことができて、合理的な判断をするためには、しっかりと寝る以上の方法は見当たらないように思います。

「寝ている場合ではない！」と考えてはいけない

例えば、翌日のプレゼン用に資料を作成する場合でも、夜通し作業をして１００％の資料を作るよりも、**資料作りは70％の仕上がりにとどめて、睡眠不足ではない状態でプレゼンに臨んだ方が、いい結果が出やすくなります。**

寝ることによって、脳に余裕を持たせることができれば、臨機応変な対応が可能になるからです。

仕事の生産性を上げるためには、睡眠不足を慢性化させないことが必要です。寝る時間を確保するくらいなら、仕事を続けた方が生産性が上がる……と考えている人も多いと思いますが、結果はまったくの逆です。

寝不足でボーッとしながら仕事をしても、無駄なことをやって遠回りするなど、効率が上がらないことは経験からも明白です。

中途半端にダラダラと仕事をするくらいなら、**諦めてサッサと寝る**ことです。**スッキリした頭で考えれば、少しの遅れなど、すぐに取り戻す**ことができます。

短くやるコツ

睡眠不足は「短くやる」の大敵！

39

一日を「8：8：8」に分けて考えると効率が上がる

こんな人は要チェック！

◇ダラダラ仕事をやっている人
◇睡眠不足で疲れている人

どこに「アンバランス」が生じているのか？

一日が24時間で回っていることは誰でも知っていますが、その24時間をどのように使うかは人によって異なります。

脳をフル回転させて仕事を短くやるためには、**一日を「8：8：8」に明確に分けて考える**ことが、最も効率がよくなると思います。

その内訳は、次のようになります。

①8時間：仕事(タスクに集中)
②8時間：睡眠(心身の疲れを取る、脳をリフレッシュ)
③8時間：プライベート(食事、入浴、家族サービス、デート、趣味)

この3分割を基準にして自分の生活を振り返ってみると、**「どこにアンバランスが生じているのか？」**がすぐにわかります。

仕事が8時間を超えているならば、睡眠時間にシワ寄せが来て脳が活発に働いていないか、家族サービスやプライベートの時間を犠牲にしていることが浮き彫りになります。

その8時間の「質」にも目を向ける必要があります。

きっちりと目の前のタスクに集中できていれば問題はありませんが、**ダラダラとやっているのであれば、睡眠時間かプライベートに影響が出てしまいます。**

どこかに歪みが生じることで、充実した毎日が送れていないことに気づくのです。

「ダラダラ」はプライベートな時間だから楽しい

ダラダラするのが「ダメ」と言いたいわけではありません。

私もダラダラするのは大好きで、スマホでボンヤリと動画を眺めたり、ネットサーフィンをすることもありますが、**それはプライベートな時間だから面白い**のであって、仕事中にダラダラしていても、少しも楽しさを感じません。

仕事中のダラダラは集中力が分散している状態ですから、仕事が短くなることも、成果が上がることもないのです。

ダラダラする時間は貴重ですから、その貴重な時間を失わないためにも、仕事の時間はタスクに集中することが合理的な考え方だと思います。

正直なところ、仕事を後回しにしたり、ダラダラやるという行為が、私にはあまりにも「損」過ぎて、理解できないくらい乖離《かいり》しています。

仕事の時間にダラダラすると、楽しいダラダラの時間がなくなってしまうのです。

短くやるコツ

「楽しみは後にとっておく」のがスピードアップのコツ!

40

片付けをするのが面倒なときは脳をダマして上手に整理整頓する！

こんな人は要チェック！

◇常に探しモノをしている人
◇机の上が乱雑な人

探しモノばかりしていると、脳の働きにブレーキがかかる

大手文房具メーカーのコクヨが発表した調査結果によると、ビジネスマンが1日に書類を探す時間は平均で約20分、1年(労働日数240日)に換算すると、実に**80時間も探しモノをしている**といいます。

この80時間が確実に仕事を遅くしていることは明らかですが、探しモノばかりしていると、イライラして感情が不安定になったり、集中力が途切れてしまうなど、脳の働きにブレーキをかけることになります。

たくさんのタスクを抱えていると、目の前の仕事に追われて**整理整頓を後回しにしてしまいがち**ですが、「ハサミがない」とか、「USBメモリがない」と探し回っていたのでは、いつまで経っても仕事を短くすることはできません。

デスク周りの整理整頓をルーティン化するためには、考え方のアングルを変えれば、

意外と簡単に自分の脳をダマすことができます。

「片付ける」→「元の場所に戻す」と発想を転換する

「散らかっている文房具を片付ける」と考えると面倒臭くなりますが、**「使ったモノを元の場所に戻す」**と発想を転換するだけで、片付けをする必要がなくなります。

次のようなフローが、最も簡単で実用的な整理整頓の方法です。

①使用頻度の高いツールの置き場所を決める

↓

②使ったら元の場所に戻す

↓

③デスク回りが散らからず、モノ探しの必要がなくなる

④整理整頓をする必要がなくなる
↓
⑤集中力を維持して、仕事に向き合うことができる
↓

「使用頻度の高いツールの置き場所を決める」→「使ったモノを元の場所に戻す」という習慣を繰り返すだけで、無駄な時間を消費することなく、脳の働きを鈍化させる心配もなくなるのです。

短くやるコツ

後で片づけるのは面倒！「使ったら元に戻す」を習慣に！

41

「余計なひと言」のせいで仕事が遅くなるのを回避する

こんな人は要チェック!

◇職場で孤立感を感じている人
◇人間関係に悩んでいる人

人間関係が悪化する原因は「発言内容」にある

人間関係で悩み始めると、心が折れそうになって、仕事が手につかなくなります。**悩みを抱えたままでは、脳が正常な働きをしてくれません**から、無理に仕事に取りかかっても、効率よく進めることはできません。

人と人が関わっている限り、摩擦を避けることはできませんが、それを最小限に抑えることはできます。

周囲の人たちとの関係が悪化する原因を考えてみると、ほぼ例外なく、**「何かを言った」とか、「何かを言われた」という発言内容が発端になっている**ことがわかります。

昔の人が、「口は禍の元」と言った通り、お互いに何も言っていなければ、トラブルに発展するようなことはありません。

仕事であれば、人と何も会話をしないわけにはいきませんから、人間関係のトラブルを避けられるようなコミュニケーションを心がけることによって、心が折れるようなシチュエーションをできる限り減らすことが大切です。

周囲との摩擦を最小限に抑える会話術とは？

人間関係を悪化させないためには、次のような2つのポイントに注意を払う必要があります。

・自分が思ったことをすべて口にしない
・言わなければいけないことは、端的に伝える

思ったことをすべて口にしないとは、言い換えれば、**「余計なことを言わない」**ということです。

端的に伝えるとは、**回りくどい言い方をして、相手の「ツッコミどころ」となるような状況を作らない**ということを意味しています。

この2つを意識して会話を交わせば、次のような効果が得られます。

①ある程度はトラブルを防御できる
②ある程度は交流ができる
③ある程度は人間関係を保てる

必要最小限の会話を意識すれば、相手を無駄に刺激することはありません。

仕事を短くやるためには、控えめでコンパクトな発言に徹することが大切です。

短くやるコツ

必要最小限の会話に徹し、相手を無駄に刺激しない!

42

「うまくいかないのが当たり前」と思っていれば無駄に落ち込まずに済む

こんな人は要チェック！

◇悩みごとが多い人
◇気分が落ち込みがちな人

心が折れそうなときの「心の持ち方」

仕事が思うように進まないと、心が折れそうになったり、弱気になってしまうことがあります。

精神的に不安定な状態が続くと、仕事が遅くなるどころか、あらゆることが面倒臭くなり、ネガティブな考え方しかできなくなります。

そんなときは、**無理して前を向こうとせず、一度立ち止まって、冷静に自分の状況を見つめてみる**ことです。

私も何度となく心が折れたことがありますが、その度に立ち直ることができたのは、**「これは当たり前の状態なのか？　特別に不幸な状態なのか？」**と自分の置かれている状況を「引きの目」で見る習慣が身についていたからです。

私は学生時代に、バイク事故で死にかけたことがあります。

そのときに思ったのは、「人間はいつでも死ぬ可能性があるんだな」ということです。それは、「感覚知」(人が体験で得られる感覚的な知識)として、常に私の頭の中にしっかりとあります。

人間の死という、最高レベルの不幸な出来事すら、ごく普通に起こるのであれば、心が折れることなど、**「起こって当たり前」**と受け止められるようになったのです。

ネガティブな出来事は、普通に起こるものだと考える

私は常に、「明日、死んでもおかしくない」と思って生きていますから、日常的に遭遇するネガティブな出来事など、ごく普通に起こるものだと考えています。

必然というよりも、**それが平常なこと**という認識です。

誰にとっても、ネガティブなことは平等に起こるはずですから、おそらく99％の人が心が折れそうになったり、弱気になったりを繰り返していると思います。

上手くいっているように見える人でも、その様子を周囲に見せないようにしているだけで、**誰もが悩みを抱えているのが普通**です。

実際、TBSの時代には大スターと呼ばれるような人気芸能人とたくさん会いましたが、どんな人でも例外なく、たくさんの悩みを抱えているものです。

どれだけ優秀な人でも、ネガティブな出来事に遭遇します。

それを特別なことと思って過剰に反応するのではなく、**「よくあること」と鷹揚《おうよう》に受け止めることが、仕事を短くやるためのマインドセット**になります。

短くやるコツ

「誰もが悩みを抱えている」と考えれば、気持ちを切り替えることができる！

おわりに

働く時間が短いのだから、成果も少なくていい？

日本の会社では、長時間の労働は「当然のこと」と考えられ、一日の大半の時間を仕事に費やすことに価値を見出すような時代が延々と続いてきました。

現在は、その価値観が大きく変化しています。

長時間の労働は大幅に制限され、それに代わって「**成果を出してナンボ**」の時代に変わっています。

年功序列と終身雇用に守られながら、会社にしがみついてさえいれば、一生の安泰が約束されていた時代は終わり、仕事で成果が出せなければクビ……という厳しい時代がすでに到来しています。

働き方改革の広がりによって、どこの会社でも、「働く時間は減らせ」→「仕事量は増やせ」という傾向を強めていますが、**「働く時間が短いのだから、成果も少なくていい」という会社など、世の中に存在しません。**

これからの働き方に求められているのは、「短い時間の中で、たくさんの仕事を効率よく進めることによって、少しでも多くの成果を出すことだ」と考えたことが、本書の起点になっています。

私が想定したのは、次のような好循環を作り出すことです。

①仕事を短くやることで、素早く成果を出す
←
②たくさんの仕事で成果を出すための時間が生まれる
←
③あらゆる仕事を短時間で進めて、たくさんの成果を出す
←
④成果が評価されて、さらに大きな仕事に取り組むことができる

仕事を短くやることができれば、プライベートな時間をしっかりと確保することもできます。

そうしたライフスタイルを手に入れていただくことも、「短くやる」ことのメリットなのです。

時間という「資産」を最大限に活用する

仕事を短くやることは、時間を「資産」に変えることとイコールです。

資産と呼べるのはお金だけと思っている人も多いかもしれませんが、私たちにとって、**時間はお金よりも貴重でレアな資産**と見ることができます。

一日当たり24時間は、何もしなくても、黙っていても、誰にでも平等に与えられますが、お金と違って貯めることができません。

その日のうちに使い切らなければ、すぐになくなるという特徴もあります。

きちんと目的を持って有効に活用すれば、莫大な価値を生み出すことができます。

ボンヤリして無駄にすると、知らない間にどこかへ消えてしまいます。

ボーッとして仕事の時間が長引いてしまうと、睡眠時間やリラックスタイムを圧迫することになって、体調や健康状態に悪影響を及ぼすこともあります。

その資産価値がゼロになるどころか、**大事な資産を負債に変えてしまう危険性もある**のです。

本書で紹介した「短くやる」の本質は、**無駄なく時間を活用して、最小のエネルギーで目標を達成する**……ということにあります。

短い時間でゴールに到達することができれば、他の仕事に充てられる時間が増えることになり、自分が手掛けられる仕事の総量が増えることになります。

空いた時間を、自分の好きなことに使うこともできます。

仕事を短くやることは、時間という資産を最大限に活用することです。

自分の貴重な資産を有効に使って、たくさんの恩恵を手に入れることが、仕事を短くやることの本当の意味といえます。

仕事を短くやることとは、会社や上司の「評価軸」ではない

仕事を短くやるという考え方は、現代のビジネスにとって必要不可欠な視点ですが、注意が必要なのは、**会社や上司の「評価軸」ではない**ということです。

私が働いてきたトヨタやＴＢＳ、アクセンチュアで、「仕事の速さ」が評価の対象となったことは一度もありません。私の会社でも、仕事のスピードを基準に社員を評価することなど、考えたこともありません。

評価軸はあくまでも「成果」であり、**仕事を短くやることとは、それを実現するための「手段」である**と考えておく必要があります。

仕事を手短に終えることだけを目的とするのではなく、それをたくさんの成果を上げるための手段として活用することが、これからの時代の新しい働き方の発見につながります。

本書が厳しい状況下で働く人たちのマインドセットのきっかけになれば、これ以上の喜びはありません。

カバーデザイン
金澤浩二

本文デザイン・DTP
鳥越浩太郎

カバー・本文イラスト
木下晋也

編集協力
関口雅之

［著者略歴］

山本大平（やまもと・だいへい）

戦略コンサルタント／事業プロデューサー
1978年大阪府生まれ。2004年に京都大学大学院エネルギー科学研究科を修了後、トヨタ自動車に入社し新型車の開発業務に携わる。トヨタグループのデータサイエンスの大会で優勝経験を持つほか、副社長表彰・常務役員表彰を受賞する。
その後、TBSへ転職。「日曜劇場」「レコード大賞」「SASUKE」など、主に看板番組のプロモーション及びマーケティング戦略を数多く手掛ける。さらにアクセンチュアにて経営コンサルタントの経験を積み、2018年に経営コンサルティング会社F6 Design株式会社を設立し代表取締役に就任。新規事業のプロデュース、ブランディング、AIを駆使したマーケティングや組織改革を得意としている。
著書にベストセラー『トヨタの会議は30分』（すばる舎）など多数。

「すぐやる」よりはかどる！
仕事《しごと》を「短《みじか》くやる」習慣《しゅうかん》

2023年6月11日　初版発行
2023年6月18日　第2刷発行

著　者　山本大平

発行者　小早川幸一郎

発　行　株式会社クロスメディア・パブリッシング
〒151-0051 東京都渋谷区千駄ヶ谷4-20-3 東栄神宮外苑ビル
https://www.cm-publishing.co.jp
◎本の内容に関するお問い合わせ先：TEL（03）5413-3140／FAX（03）5413-3141

発　売　株式会社インプレス
〒101-0051 東京都千代田区神田神保町一丁目105番地
◎乱丁本・落丁本などのお問い合わせ先：FAX（03）6837-5023
service@impress.co.jp
※古書店で購入されたものについてはお取り替えできません

印刷・製本　株式会社シナノ

ISBN978-4-295-40834-5　C2034